JN153678

みんな いのちの おかげさん

じいじから あなたへの手紙

中川 真昭

みんな　いのちの　おかげさん

じいじからあなたへの手紙

まえがき

気力がなくなってきます。

やらなければならんことが、できません。

大事なことが、スコンと抜け落ちます。もの忘れする、といったそんな簡単なことではありません。

昨日できたことが、今日できません。この調子なら、きっと、今日できたことが明日できんやろう、と思うとがく然とします。

「その年齢になってみんと、わからんことがいっぱいあるもんや……」と言われ、「そや、そや」とうなずく人がいたり、「そんな言いかた卑きょうや」と反論する人がいたり。私は「そや、そや」の方です。

いつまでも若くありません。いつまでも元気ではありません。いつまでも生きていることはできません。

生まれてこなければ、老いることも、病むことも、死ぬこともなかったのです。

お釈迦さまがお説きになった、人間の根本苦「四苦」（生苦・老苦・病苦・死苦）は、私がこの娑婆世界に生まれてきたことから、始まっているのです。

皆んなに祝福され、大きな喜びの中で誕生した「いのち」は、つぎの瞬間から苦の中で生きる「いのち」なのです。しかし「そんなこと、なんにも考えずに生きている人たちがいっぱいやなぁ……」となげいても、しかたありません。

この『みんな いのちの おかげさん ～じいじからあなたへの手紙～』は、西本願寺から出版されている「大乗」誌に、つれづれなるままに、その時その時の気持ちをつづった一編一編です。

その時から、また年齢を重ねました。老いも極まってきました。

『仏説無量寿経』の中の「独生独死独去独来」のお示しが、いのちにしみこんでくるこのごろです。

「おかげさん」が、味わえるんです。

親鸞聖人のお言葉「自然法爾」が、ありがたくいただけるんです。

この本は、私の愚痴がいっぱいつまった、くずかごにすぎんと思うております。どうぞ、あなたの手で、くずかごをひっくり返してみてください。くずの中に、ひょっとして、一つ二つ、捨てられんものも混じっているやも知れん、と思うのは私の欲ばり心（貪欲）であります。

二〇一九（令和元）年五月

中川 真昭

もくじ

カバーイラスト・挿絵／徂徠　匡男

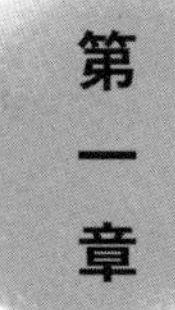

第一章

なんで、これほどに
「傲慢（ごうまん）」になったんや、人間は。
昔も、そうやったんか。

軒下と縁側と

にわか雨が降ってきた。君も、軒下へ避難だ。雨樋があるから、ここならぬれる心配はない。雨やどりには、もってこいの場所だ。

ビルのように軒がなければ、突然の雨に右往左往せねばならん。

じいじが子どもの頃は、この軒下と同じように、どこの家へも出入り自由だった。玄関の戸は、いつも開いていた。開いていなくとも、いつもカギがかかっているわけではない。戸をガラガラと開けて入ると、そこは土間だった。土間は、なぜか、いつもすこしめっていた。土間のすみに、唐臼があった。どこの家にもあったわけではない。唐臼は、穀物の精製に必要なもので、米や麦を白くしたり、大豆を粉にしたり、用途に応じて、杵の先端をつけかえた。先端が丸い木製のものは、米や麦をふむときのもの。先端に金具がついているそれは、粉にするためのもの。

唐臼をふむのは、子どもの仕事だった。からだが小さいから、全体重をかけないと、唐臼の杵は持ち上がらなかった。

かくれんぼなんかしている時は、土間の上がりかまちから、はきものを持ってかってにのぼり、部屋のすみにかくれた。居間があって、寝間があって、客間があって、客間には仏だんがかざられ、仏間を兼ねていた。仏だんの左か右は床の間か、押し入れ。よその家の間どりがどうなっているか、子どもは皆んな知っていた。

部屋に逃げこんでくる子どもに、大人は、「こら、こら」と一応は叱っても、あとは知らん顔だった。

部屋の障子を開けると、そこには縁側があった。そのそとに、雨戸があったり、なかったり。縁側って、廊下ではない。そとと家のなかをつないでいる、ふしぎな場所であり、空間だった。なんのた

めにあるのか、とくにこのためと決められたわけではなく、なんとなくあって、なんとなくいろんなことに使われていた。

たいていは、縁側になんとなくすわった大人やお年寄りが、だまっているでなし、話しこむでなし、お茶など飲みながら、ぼそぼそ、ぼそぼそと、やりとりしていることが多かった。

そりゃそうだ。話すことって、そんなにあるわけがない。かならずそこに、その家の人がいるかといえば、そんなことはない。だれかれなしにすわりこんで、だれも文句を言わなかった。

軒下もそうだ。雨やどりするだけでなく、軒下におかれた石にすわって、だれかれなしに、ほっと一息の時間をすごしていた。

玄関はいつも開いているから、大人やお年寄りは、「どうや、元気か」とやってくる。「元気やでえ」と声を聞くと、「そうか」と言って出ていく。とくに用事があったわけではない。そうしながら、村中の人たちは、おたがいの安否を気づかっていたのだ。

〝縁側〟という、すてきな名前をつけたのはだれだろう。生きとし生けるもの、とおおげさに言わせてもらうが、縁側は、人間だけのものではなかった。毛虫がやってくる、アリがやってくる、スズメまでやってくる、ネコがいる、ときには、ヘビさえ縁側をはっていた。いのちあるものの、交流の場所だった。現代風に言えば、コミュニケーションの場だったのだ。

〝軒下〟もそうだ。軒の上でカラスが鳴いている、その下には人間だけでなく蝶(ちょう)がとんできたり、足下には放し飼いの犬がねそべっていたり、子どもがしゃがみこんで、大人の話を聞いていたり。

じいじが子どもの頃って、なにか目に見えない大人たちのアンテナが、はりめぐらされていたように思う。大人たちは、そのアンテナで、いつも子どものこと、お年寄りのことを気づかっていたように思う。まなざしを、そそいでくれていたように思う。

そしてもう一つ。これは大事なことだが、大人たちには、心の軒下と、心の縁側があった。

あの人には　心の軒下があって
その軒下は
とびこんでいけるところ
にげこんでいけるところ
うけとめてくれるところ

つめたい雨をさける　あたたかなところ
つよい日ざしをさえぎる　やさしい日かげ

あの人には　心の縁側があって
その縁側は
ほっと安心できるところ
しんぱいごとも
なやみごとも
親にもはなせないようなことでも
「うん　うん」と
むきあってくれるところ
だれもが　よりそえるところ

心の軒下も

心の縁側も
あの人は
やさしいまなざしのむこうに
ひっそりとかくしながら
子どもたちを
まちがいなくむかえてくれた
むきあってくれた

（くさかせいじ『未完詩集・こころ』）


「おい、雨があがったぞ」

お日さまが顔を出した。

こらこら、

「軒下さん、ありがとう」

ぐらい言ったって、口はへらんぞ。

そとで、まってる

じいじもそうだが、よく似た年齢のお年寄りは、若い人が聞いたら、なんやわけのわからん会話をしている。

「えーっと、ほら、あれが……」

「そうそう、あれあれ、あれでしょう」

「あれです。あの人が、ほら……」

「はい、おっしゃっていることは、ようくわかっております。あれでしょう、あのことでしょう……」

作家の赤瀬川原平（あかせがわげんぺい）さんは、そういう現象を、〝老人力がついてきた〟のだとおっしゃる。

「どっこいしょ」といすにすわる。その「どっこいしょ」は、老人力のほとばしりだが、その言葉の上に「あ」がついて、「あ、どっこいしょ」となると、これはもう、まちがいなく、老人力だと。

よくもの忘れする（というよりは、まったく記憶していない、というほうが正確か）。

昔のことは、よくおぼえている。一・二の視力で見た風景のように、鮮明に。ところが、最近のことが、老眼鏡なしで新聞を見た時のように、ぼんやりしている。それが、「あそこの、あの人」となり、「あの、それ、そこが……」と、もうむちゃくちゃだ。赤瀬川原平さんはそれを、「老人力のついてきた証拠だ」とおっしゃった。ものも言いようだが、すばらしい命名だ。すくなくとも、じいじは勇気と元気をもらった。

で、思うのだが、昔のお年寄りの姿を思い出してみると、あの頃、ずいぶんとお年寄りだ、と思っていた人が、じつは六十歳前後だったことに気がつく。しかし、りっぱなお年寄りの風格と貫禄があったし、みんな人間とし

て円熟されていた。ここ四十年の間に、男女とも十五歳は寿命がのびたと言われているから、昔のお年寄りは、今でいう七十五歳ぐらい。

夢中で遊んでいると、とっぷりと日が暮れ、だれもいなくなってしまう。墨をながしたような暗やみの中に、ひとりぽっちでふるえていた五つか六つの頃。そっと、かたわらに立って、「どうした……」と、声をかけてくれたお年寄り。

子どもどうしが、けんかしていると、突然どこからか現れ、「そこまでで、やめとけ」と割ってはいってくるお年寄り。

じいじが子どもの頃、お年寄りが、ふしぎに、どこからか現れたということは、子どもたちを、いつも視線の中にとらえていた、ということなんだろうな。

あの頃のお年寄りは、あたたかかったなあ、と思う。友達の家で遊んでいて、おそくなると、「夕はん食べていけ」「風呂はいってかえれ」と言う。風呂なんて、三日か四日に一どしかはいれなかった頃だ。夕はんだって、家族の分でぎりぎりだったはずだ。でも、そんなことはおかまいなしに、やさしい言葉がこぼれた。

その頃のお年寄りは、ひまさえあると、林や川や野っぱらへ、子どもたちを引っぱっていっては、そこにいる生きものの姿をとおして、いのちの話をしていた。生まれること、老いること、病むこと、いのち終わることを。ぼそぼそと、さりげなく、年寄りの役目みたいに……。

小児科のお医者さんで、よく知られた細谷亮太という先生がいらっしゃる。その先生がこんなことをおっしゃった。

「世のなかには、自分の意志ではどうにもならんことが、いっぱいあるんだということを、身をもって体験させてやる。そのなかで、人間としての限界、自分より大いなる存在があることを、しっかりと感じていく、とくに死というものをとおして……。子どもたちに、悲しいことを悲しいと感じ、その悲しみを、いつでもおもいだせるようにしておくことが、大切なこと」だと。まさしく、昔のお年寄りが、林で、川で、野っぱらで、ぼそぼそと話してくれていたことなのだ。

昔のお年寄りは、垣内まわり（ヘビのこと）のように、村のなかをうろうろしていた。年寄りどうし、顔をあわせると、半日でも話しこんでいた。かと思うと、一時間でも二時間でも、だまりこんで、キセルでタバコを、ぷかぷか吹かしてばかりいたり。

気がつくと、なんや知らん、だまって、道ばたの草を引いているとか。二百年いじょうも村を見つめてきた老木の前に、哲学者みたいに、じっと立っているとか。

子どもが、お年寄りの目をぬすんで、いたずらや、わるいことをすると、「こらあ！」とどなって、なぜか、あと、にこにこしているとか。

昔のお年寄りは、たしかに、家のそとにいた。うろうろしていた。ところが、このごろ、なぜか家のそとに、お年寄りの姿が見えない。みんな、家の中に、引っこんでいる。子どもの目付け役をだれもせん。せんで、あたり前みたいになった。

「子どもが、そとにおらん」と、お年寄りが言った。たしかに、そうだ。子どもも、そとへ出んようになった。幼い頃から、からだ全体をつかって遊んでいないから、肩こり、腰痛(ようつう)の子どもがいっぱいいるという。予備軍(よびぐん)をいれると、十人のうち七人から八人が肩こり、腰痛もちだと。まるで、じいじらとおなじではないか、ほんと、驚く。専門(せんもん)の先生は、子どもたちに、時間、空間、仲間を確保してやらないと、これからたいへんなことになりますよ、とおっしゃる。

出てこい、子どもたち。そとへ、とび出してこい、子どもたち。老人力がついて、ちょっと弱ったけれど、君たちのことをほんきで見つめている、がんこじいじたちが、そとでまっている。

君たちに伝えなければならない、たいせつなものが、一つひとつうしなわれ、消えていくのが、悲しい。

だから、

「じいじ、そんなこと、もう、どうでもいいんだよ……」

と言わずに。

そっぽ、むかずに。

友達と遊んでいるか？

なぜ、おまえは、ここへ生まれてきたんだ。

なぜ、おまえは、ここにいるんだ。

おまえのお母さんは、なぜ、おまえをここへ、生みおとしたのだ。

葉っぱをたべる、小さな青虫を見つめて、ぼくはいつも、そう思っていた。

ノロノロと、しかし止まることなく動くカタツムリを見ながら、ゆったりと生きる姿を、ふしぎがった。

アリを見ると、ミミズを見ると、ヘコキムシを見ると、ダンゴムシを見ると、ぼくは、いつも、「なぜ、おまえは、ここにいるんだ」と、話しかけていた。

そして、ぼくは、

「なぜ、ぼくがいるのか」を思った。

きっと、いのちの不思議のなかに、浸っていたにちがいない、そのとき。

（『少年の日画集／歩いてきた道』上巻　画・安藤勇寿／文・中川晟　二〇〇七年　本願寺出版社）

村のそばを流れる小さな川をはさんで、雑木林（ぞうきばやし）があった。そこが、じいじの子どもの頃の遊びの空間であり、大自然の中から、いろんな生きることの大切さを教えてもらえる場でもあった。

じいじの子どもの頃は、「塾」なんてなかったなぁ。だから「塾」のことはあまりよくわからない。だから、それについて話をしようとするのではない。

なぜ、そんなに、知識だけをつめこむ社会になったのだろうと、ふと、思うのだ。

友達と遊んでいるか？　家と学校と塾の往復になっていないか？　なに、たまに遊んでいるってか。その遊び相手は、ほんとに心をゆるし、なんでも話しあえる友達か。

じいじは、今思い出すと、学校でなにを学んだか、学んだ内容のほとんどはわすれてしまっている。しかし、なん人かのすばらしい先生との出会い、先生の人生にたいする姿勢、その生き方、そんなものがまちがいなしに、じいじの生き方、考え方に、大きく、ふかくかかわっていたなあ、と思う。

先生だけではない。友達もそうだった。個性ゆたかな友達一人一人の、生きていくためのたくましい知恵と才能、それが、遊びを通してまちがいなくじいじを変えたと思う。君とおなじような子どもの頃のことだ。学校の勉強より、遊びの時間の方がたのしく、長かったと思う。

友達と遊んでいるか？　と聞いたのは、そんなことを思い出していたからだ。

友達と遊ぶ時間までも奪ってしまうような教育に、じいじは、「残酷だな」とつぶやいてしまう。すこぶる個人的な思いからだが。

「ＩＱ」というのは、知的知能指数だ。それは、だれでも知っている。

それに対して、アメリカのＤ・ゴールマンという学者が言いだした「ＥＱ」という言葉がある。知的知能指数「ＩＱ」に対して、こころの知能指数を表わすのが「ＥＱ」だ。

じいじの周りを見わたしてみると、知識のある子はたしかにふえているが、やさしい心、いのちを大切にする心、おもいやりのできる心、他人の心の痛みを自分の痛みとして感じることのできる心……、はっきりと言って、人間にとって、人間として一番大切な、そんな心が子どもたちから消えてしまったように思えてならないのだ。

すこしばかり前、幼児への早期教育を心配する声が出た。〝子どもを追いこむお教室づけ〟と。幼児期は「ひと」としての一ばん大切な基礎的学習(がくしゅう)を必要とする時期だと言われている。基礎的学習というのは、「ひとがひととして、ひとのなかで生きていく大切な心の学習」ということだ。じいじがさっき書いた、人間として一ばん大切な心のことだ。それは、言い方をかえれば〝いのちの教育〟と言ってもいい。

雑木林にはいっていくと、多種多様な生きものがいっぱいいる。その多種多様な生きものたちが、雑木林という

一つの世界を、生き生きとした姿に保っている。

木や草や、鳥や虫は、それぞれの違いをたのしんでいる。

大自然のいとなみは「整然」ではなく「雑然」なのだと思う。一つひとつの生きものは、それぞれのいのちをよろこんで生きている。その、よろこびのいのちの一つひとつが、それぞれかかわりあって、生かし生かされている。人間もそのなかのひとつのいのちだ。

こんな調査がある。「自分が好きですか」という質問を小学校の四、五、六年生にしたそうだ。三三・七パーセントの子どもが、「きらい」とこたえた。三人に一人の子どもが「自分ぎらい」で、とくにその子たちは「周りの人に好かれていない」という反応を示した。「好かれていない」というのは、逆に言えば「周りの人を好いていない」ということではないのか。そのことにさえ気づいていない子どもたちが、ふえているのかもしれない。

雑木林へはいってみろ、とじいじはそのとき思い、すぐ反省した。いのちが生かし生かされている雑木林が、まだあるのだろうか。それぞれのいのちが、それぞれにいのち輝かせて生きている、自分がきらいだなんて言っているいのちは、一つもない、そんな雑木林が、まだ残っているのだろうか、と。

じいじは、しあわせだったのかもしれぬ。雑木林へはいれば、おおくのいのちに囲まれた自分を、見つけることができたのだから。

だが、その雑木林を消したのはまちがいなしにじいじたちだ。自然を破壊し、お金に換算できないはずの大切なものをお金に換算し、それが豊かさへの足がかりのように思ってきた。とりかえしのつかない、おろかさだ。

そのじいじが、こころの知能指数だ、友達と遊べ遊べという言葉も、君にとっては、まさに「じいじのたわごと、ねごと」にすぎんわなあ。

飢えとガラクタ

飢えていのち終わるということを、君は考えたことがあるか。こんなにも豊かな日々の生活の中では、飢えるなんて、想像すらできんだろうなあ。

こんな記録がある。天文二十三（一五五四）年、室町時代後期のことだ。

「……男も女も子どもも、たえず山林中を彷徨し、高き山、深き谷をもいとわず、飢えをしのぐべき草根木皮を探しもとめた。しかし身心のおとろえその極に達し、やっと食用の草木を探しあてて引き抜く瞬間に、衰弱のあまり息の根たえ、かた手に草の根をにぎったまま死んでいたものもあった」

（『日本残酷物語・第一部／貧しき人々のむれ・飢えの記録』平凡社刊／昭和三十四年）

そこには、こんなことも記されている。

「わたしたちの先祖は、こんないたましい飢饉にたびたびおびやかされてきたが、なかでも江戸時代における享保十七（一七三二）年、天明四（一七八四）年、天保八（一八三七）年の三つの飢饉は、おびただしい犠牲者をだしたことで知られている。享保の凶作は西日本をおそったイナゴの被害によるもので、また天明の凶作は冷害によるものであり、天保のそれは多雨によるものだった」と。

人びとは、まず牛、馬、ニワトリ、犬などを食べ、雑草や樹皮を食べ、それもつきると人びとは、いのち終えていった。

食べるものがなくなってしまう、その中で、土間にしいた古いぼろぼろのわらのむしろを口にはこんだ。塩気がしみこんでいたので食べられた、と記録されている。壁土にねりこんだわら、彼岸花の球根は、さいごのさいごの食べものだったという。

食べ残したり、食べちらかしたり、こんなものおいしくないと、あたりまえみたいに過ごしている人びとを見ていると、じいじは、ほんと、言葉をうしなってしまう。

じいじたちの年代は、いつも飢えにたいして敏感だ。じいじの子どもの頃は、ほんとに食べるものがなかった。つねに飢えと向き合って生きていたように思う。すべての人びとがそうであったというのではない。そんな頃に、おなかいっぱい食べていた人たちがいたことも、たしかだ。でも、そんな人たちは、ひとにぎりだった。

じいじたちが集まると、必ず出てくる言葉は、「こんな飽食(ほうしょく)の時代は、いつまでもつづくはずがない。そのうち食べるものがなくなる。そんな時、わしら年寄りは、そこいらの草の根を食べても生きていく自信(じしん)はあるが、現代の若者や子どもたちは、飢えをまえにして、生きるすべを知らんのではないか」と。

年寄りだけが生きのびる、という自

慢ばなしをしているのではない。ありあまるもののなかで生きている、ということのあやふやさを心配しているのだ。

なんでも使い捨ての時代。つぎからつぎへと買いこみ、いらなくなったらポイ捨て。〝断捨離〟かなんか知らんが、一つひとつのものに対する愛情も感動もない。それでいいのだろうか。

じいじなんかは、ばあばもそうだが、子どもの頃のことを思いだすと、靴下一足、穴があけば穴をつくろうてもらい、どれほど長いあいだ大切にはいていたか。服もそうだ。ずぼんもそうだ。ひじに穴があいても、ひざに穴があいても、おしりに穴があいても、すべてその部分をつくろうてもらって着たし、はきつづけたもんだ。しかし今はどうだ。穴があいたら、ずぼんであろうが、くつしたであろうがポイと捨ててしまう。いや、むりやりジーパンなんかに穴をあけたり、やぶったりして、それがおしゃれ。いやあ、穴も文化となったか。

「こんなもの、捨てれば」と君は言う。たしかに、じいじの部屋は乱雑だ。いや、乱雑に見えるだけで、じいじの頭の中ではちゃんと整理整頓されている。だから、だれかが勝手にさわろうものなら、じいじは大混乱となる。棚の上や押し入れには、紙袋やら空箱がつめこまれ、それがふえるばかりだ。

「そのうち必要になるかもしれん」「まだまだつかえる」「捨てるのはもったいない」で、棚や押し入れがうまっていく。一年たって使っていないものは必要のないものとして、捨てるべきだ、と言われても、ひょっとして必要になるかも知れん、と思ってしまう。

じいじが、ものを捨てられないのは、ガラクタかもしれないもろもろの一つひとつに、思い出やら感謝がいっぱいつまっているからなのだ。古い写真、ちびた鉛筆、

インクの切れた万年筆、インクの吸いとり紙、さびたナイフ、手紙、もう締めることのないネクタイ、はくことのないくつ、読むことのない雑誌、本、何十年も前の年賀状……。

飢えの話と、整理できないガラクタの話は、じいじのこころの底でつながっているのだ。享保十七年の飢饉の時、戸数わずか百戸ほどのある集落で、二百人が死んだ。そのとき亡くなったのは、老人や子どもではなく、むしろ働きざかりの屈強な男たちであったという。おそらく彼らは、じぶんの父や母、子どもたちのいのちを救うために、みずからその犠牲になっていったのだろうといわれている。

父と母への感謝、つぎの時代へといのち伝えてくれる子どもへの願い。そのはざまで、いのち終えていった人たちのことを思うとき、じいじは涙せずにはおれない。

この青く美しい地球の、いのちの一つひとつを、君は、今、その目でしっかりと見つめてほしい。

そして、今、なにをしなければならないのか、なにをまっ先にしなければならないのかを、考えてほしい。

共に生きる？

じいじが、子どもの頃に飼っていた、チロという犬のことだ。

ある日のことだった。チロが、突然、ゴホンゴホンと、かすれたような変な咳をしはじめた。そんな咳を三カ月ほどもしていたかなあ。その頃は夜になると放し飼いで、ある日、とうとう朝になっても帰ってこなかった。探したが、見つからなかった。

その日から三十年ほど経って、家が改築された時、床下から、チロだと思われる骨が見つかった。たぶん、床下で死んだのだ。そしてその時、チロはフィラリア症で死んだのだと知った。蚊から媒介されるフィラリアという糸状の虫が、心臓に住みつき起こる病気だ。

現在は蚊が発生する六月から十一月まで、月に一回少量の薬を犬に与えるだけで、その病気は予防できる。その薬を開発されたのが、二〇一五年のノーベル生理学・医学賞を受賞された大村智先生だと知って、じいじは手を合わせたよ。犬だけの話ではない。イベルメクチンと名づけられたその薬は、土のなかの微生物たちがつくっていた化学物質で、大型の家畜動物たちに住みつくダニや、糞線虫症といわれる風土病、ブユが媒介するミクロフィラリアによって失明する、オンコセルカ症などにも劇的な効果をあらわし、多くの人たちを救ってきた。

それらは、大村先生の業績のほんの一部にしかすぎない。大村先生の言葉だ。

「スプーン一杯の土のなかには、一億個から十億個の微生物が生きています。その微生物たちは、たくさんの化学物質を作って生命を営んでいます。…これまで私たちが発見した新しい化学物質はおよそ五百種あり、そのうち二十六種類が医薬、動物薬、研究用試薬などとして実用化されています」

微生物がいるのは、土のなかだけではない。腸のなかには何兆という微生物がいるし、口腔の中にも何千という微生物、とうぜん皮膚にも。

スポーツ選手の運動能力と食生活の研究がはじまったというニュースが、平成二十八(二〇一六)年一月六日の「朝日新聞」に掲載された。運動能力の高い選手の腸内環境を調査し、食事による栄養管理、体調と細菌のかかわりなどを研究し、各選手の能力アップにつなげたいというものだ。すでに陸上やプロサッカー選手の便を収集し、細菌のDNAなどをしらべはじめているという。

岡山大学大学院環境生命科学研究科の森田英利教授（応用微生物学）は、「理想的な腸内細菌の構成がわかれば、食事メニューの提案やサプリメントの開発で、スポーツ選手の成績アップに役立つかも知れない」とおっしゃっている。

といってたら、二日後の一月八日『アイスマン』ピロリ菌感染」というニュースが同じ「朝日新聞」に載った。イタリア北部の氷河で一九九一（平成三）年に発見された約五千三百年前の凍結ミイラ「アイスマン」が、胃潰瘍や胃がんをひきおこす細菌・ピロリ菌に感染していたことがわかっ

たんだと。アイスマンは新石器時代の成人男性だ。お医者さんから、悪玉にされたピロリ菌を退治する治療をすすめられる人が多いと聞くが、『生物界をつくった微生物』（ニコラス・マネー／訳　小川真／二〇一五年十一月　築地書館）の中に「……この細菌は健康な胃の微生物叢の常在菌で、幼年期に一般的な抗生物質を常用して消してしまうと、重大な問題が生じるとされている。ピロリ菌は食欲を抑えるホルモンを分泌することによって、体重をコントロールするのに役立っているが、ある研究によると、この細菌の消失は小児喘息の発生増加と関係があるという。ピロリ菌は人類の祖先が五万八千年前に東アフリカを離れて以来、ずっと人類のよきパートナー」であったと記し、つづいて、腸内微生物がリウマチ性関節炎や、多発性硬化症、糖尿病、アトピー性皮膚炎、喘息などの免疫と重くかかわっていることを説いている。

じいじには専門的なことはわからんが、腸内細菌の重要性を説いていらした寄生虫学の藤田紘一郎先生のことを思い出したよ。

平成二十六（二〇一四）年、七十三歳で亡くなられた生物学の団まりな先生が『私たちはどこから来て、どこへ行くのか／科学に〝いのち〟の根源を問う』（森達也／筑摩書房）の中で、映画監督で作家の森達也さんと〝生きているとは、どういうことか〟をテーマに対談されている。

「…バクテリアだからとバカにしてはいけない。バクテリアがいなかったら私たちは存在しない。ある意味では最高の擬人化（ぎじんか）ですが、バクテリアは一つの人格を持っている。外部環境をきちんとモニターして食べるものを探し、さらに敵を見分ける能力がなければ死んでしまいます。そういう意味での人格です。つまり、バクテリアは最も原初的でありながら、私たちと同じ感覚をすべて持っ

ている。私たちと変わらない。それぞれのメカニズムで、努力して一生懸命生きている。生きていくための基本的なことすべてを、彼らは自発的にやっています。……からだ全体を脳のように使って、意志を持って生きているのです」と。

じいじは思ったよ。

いろんな先生の言葉を聞いて、〝人間って、なんと傲慢(ごうまん)な生きものになってしまったのか〟と。

動物だけではない、土や水や大気の中で生きる、意志あるものと名づけられた微生物たちは、私たちに、遠い遠い昔から何を語りつづけてきたのだろう。

私たちは〝共生〟などとえらそうに言っているが、ひょっとすると、じいじも君も、微生物に飼育されているのかも知れんぞ。

第二章

こら、そこの人、「加齢」の一言で、わしの老いや病を片づけるな。

年寄りなかま

あるいてはとまり、とまってはあるき。「シロ、はやくあるけ」とおとうさんはせっかちに引きづなをひっぱる。「どうして、もっとゆっくりとあるけないのですか。そんなに引っぱらずに、ゆっくりと……。のこりすくなくなった、ぼくのじかんをそんなにいそがさないで、そんなに」。くびをうなだれ、せなかをまるめ、しっぽをたれて、ゆっくりあるく。「あたまを、あげろ」といわれても、わかくてげんきだった頃のようには、できないのです。シロとよばれるのは、ただ毛がしろいから。おしりのへんと、あたまのへんがすこし茶いろ。「スピッツ、ですか」。ぼくのおかあさんは、スピッツだったかもしれない。おかあさんのきおくはない。ぼくは、よちよちあるきの頃すてられ、いまのおとうさんにひろわれた。つくってもらったこやのなかに、じっとかくれていた。またすてられるのが、こわかったから。そしてぼくは、いま十六さい。にんげんのとしだと、八十さいぐらいだ。おとうさんとあまりかわらない。あるいてはとまり、とまってはあるき。あしをふんばって、おしっこ。もう、うしろあしをはねあげておしっこのしせいがとれない。目もかすんで、よくみえない。ときどきぶつかる。でもぼくのおいしゃさんは「もう、としだもんね」、でおわり。「こらこら、まっすぐあるけ」。なぜか、ひだりへひだりへと、あるいてしまう。ぼくは、まっすぐあるいているつもりなのに。「うん、そうか、しらないあいだに、もう、そんなにとしをとったのか。おとうさんもおなじだ」、とぼくのからだをなでる。「あとなんかい、いっしょにさんぽができるかな」、おとうさんは、ぼくにいう。ぽつん、と。

（くさかせいじ『未刊詩集・いのち』）

老いてゆく、という実感は、まだ君にはないだろう。老いた人を見ても、自分がそのような姿になるということは、想像もできないだろう。じいじも、そうだった。しかし、老いるということは、すべての生きとし生けるものの、逃げることのできない真実だ。

生まれた時から、老いがはじまる。

「そのとしになれば、わかる」、村の大人たちの口ぐせだった。

「犬を飼いたい」と君は言う。

犬の一年は、人間の四年から五年ぶんの時間にあたる。つまり犬のいのちは、人間の四倍から五倍の速さですぎてゆく。君は、老いてゆく犬の姿を見つめ、いのちが燃えつきてゆく姿を、見つめつづけなければならない。そして、まちがいなく、犬とのわかれがやってくる。

宇都宮直子さんは、その著『ペットと日本人』（文春新書／一九九九年）の中にこう記されている。

人間と共にすごす犬やネコたちはまだしあわせだ。日本では、いま、一年間に三十五万びき以上の犬たちが、二十九万びき以上のネコたちが、殺処分（さつしょぶん）されている。捨てられて、動物収容施設へくる老いた犬たちが、毎年ふえてゆく。

収容施設での保護期間は五日間。その間に飼い主があらわれたり、里親がみつかったりして収容施設をでてゆくのは、全国平均で五パーセント以下。残りの犬たちやネコたちは、五日間の保護期間をすぎて殺処分されるのだ。施設の担当者の重い重いことばがある。「犬やネコは、一度飼われたら、死ぬまで人を忘れません。飼い主自身につれられてきても、迎えにきてくれるのをじっと待っています。（略）ここに連れてきたら、安楽死をさせてもらえるという飼い主がいますが、本当の安楽死というのは、飼い主にだかれ、ひざの上で死ぬことをいうんです……」

死の直前まで、人を愛しつづける犬たち……。

人を信じ、まちつづける犬たち……。

生きものを飼う、ということは、最後の最後まで、そのいのちに寄りそうということだ。

ネコでも、ウサギでも、ハムスターでも、カメでも、メダカでも、金魚でも、いのちあるものと寄りそい、共に生きることができないのなら、飼おうとしないことだ。生きとし生けるものはすべて、君とおなじ等しく重いいのちをもって、今、生かし生かされているのだ。いのちは、ものではないのだから。

この前も言ったように、じいじは、子どもの頃に飼っていた、チロという犬を死なせた。フィラリアという、蚊が媒介する恐ろしい犬の病気でだ。フィラリアという名まえさえ知らなかった。えさを食べない、へんな咳をする、苦しそうにからだを横たえ、ときどき必死に起きあがろうとする。その頃、犬の病院なんてちかくになかった。「ウワァアーン」と、ふりしぼるように鳴いていた声が、じいじの耳の奥にのこっている。

今いるシロもずいぶんととしをとった。このごろ、じっと空を見上げている。呼びかけても、知らんぷりだ。なにを見つめ、なにを考えているのだろう。

野良(のら)だったシロが、家へやって来たはじめの頃、散歩につれていくと、道ばたにたまった水や、田んぼの水をへいきで飲んだ。「こら」と叱られると、叱られた意味がわからず、しっぽをふった。生きてきたのだ。ぎりぎりのところを。水を飲まねば死ぬ。生きるために、どろ水だって飲まねばならなかった。

君は「犬を飼いたい」と言う。だから、犬のいのちに寄りそってやれるか、とじいじは聞いているのだ。

シロが呼んでいる。

昼も夜もない。

老いたシロは、きっと、だれかがそばにいないと、さびしいのだ。

みんな、いそがしそうだ。せめて、じいじだけでもそばにいてやろう。年寄りなかまだ。

煮ても焼いても食えん

としをとっていく、ということは、これはこれで仕方のないことだ。老いることも、病むことも、それはそれなりに、自然に、あるがままにまかせたほうがいい、と思うようになったのは、つい最近のこと。どこからか「遅いわい」と声が聞こえてくる。

このごろは〝老人〟とは言わない。いや、言わないようにしよう、ということらしい。だから〝お年寄り〟とか〝シルバー〟とか〝シニア〟とか〝高齢者〟とか。呼びかたを変えたって〝老人〟は〝老人〟だ。お医者さんはすぐに「加齢現象です」とおっしゃる。要するに老人になったから、ひざが痛くなったのです、腰が痛いのです、目がうとくなったのです、歯ががたがたになったのです、「それは仕方のないことなのです」という訳だ。

どこかに書いてあった。老いとともに失うもの。収入、社会的地位、健康、気力、家族、友人などなど。しかし得るものもある。つまり多くの自由時間。しかし、その自由時間がなにに使われているかを考えると、なんともさびしい限り。じいじの場合は、ほとんどが医者通いだ。病院の診察券だけが、ふえていく。なんの疑問もなく別の病院の診察券を受付にだして、にらまれたり。

読書だ、畑しごとだ、プール通いだ、健康ウォークだ、習いごとだ、旅行だと、時間を有効利用されている人たちがうらやましい。

お医者さんから「新しい生きがいを見つけなさい」と言われた。

生きがいねえ。ないなあ。朝、目がさめるのがまちどおしいとか、いきいきと力がみなぎってくるとか、そんな充実感はまったくないなあ、今のじいじは。そんなら、明日になったら、なんてことは考えにくい。なにせ、今日がいちばん健康で、げんきなんだから、明日のことまではなあ……。

脳の左半球（ひだりはんきゅう）が支配する、計算したり、判断したり、思い出したり、手紙を書いたり、読書をしたりという知的な部分は、としとともにまちがいなくおとろえる。だけではなく、脳の右半球が支配する感情も、まちがいなく老化する。美しいものを見ても、あまり感動しなくなる。映画も、テレビも見たくない。いのちの誕生への、いのちの終わりへの感受性も、まちがいなく失われてしまった感じだ。

君に、「じいじの外見上の特徴をのべてみよ」と言ったら、すぐにこうこたえた。「かみの毛が白く、うすい、しわがある、ほくろやいぼがある、新聞を読むとき鼻までずりさがっためがねをかける、よだれをたらしていねむりしている」と。つけ加えるならば、しわは顔だけでなく、手や足やからだにも及ぶ。背がちぢんで、全体として丸まっている。

じいじも、としをとればすこしは性格もよくなるか、と思っていてくれるようだが、よくなりません。ますます、頑固、ひがみっぽい、猜疑心がつよい、でしゃばりたがる、人とはできるだけ会いたくない、ばあばがなにを話しかけても返事もせんで、じいじが話しかけて返事がないと無視されたと腹を立てる。……こんなことではいかん、という気持ちはつねにある。しかし、それを改めようともしない。

煮ても焼いても食えん、というのは、こういうじいじみたいな者のことだ。

六十八歳になったビートたけしこと北野武さんが、『龍三と七人の子分たち』という映画をつくった時（じいじは残念ながらこの映画を見ていない）の「朝日新聞」のインタビューにこたえて、独特の毒舌で「……しかし、いまの年寄りってのは駄目だね。体のことばっかり気にしてる。階段を上れるようになったとか、健康のために散歩してるとか。そんなことばっかりだからねぇ。……頑固でうるさく、おっかないジイさん、昔は日本にもいっぱいいたよね。子どもに媚を売ったりしなかった。子どもが何か言っても〝大きなお世話だ。おれはこうやって生きてきたんだ〟ってね。……一番いけないのは〝老人は弱いからいたわってあげましょう〟という空気があることだよ。シルバーシートとかね。そうじゃないんだよ。年寄りが目の前に立ったら、率先して席を空けて〝どうぞ〟と言うのは、これは礼儀というか作法なのであってね、可哀想とか可哀想じゃないとかいう問題じゃないん

だ。弱い者扱いをしたら、年寄りはペットみたいになっちゃうよ」

社会は老人にやさしくなった、とつい思ってしまうけれど、認知症で行方不明、老老介護、急速に進む核家族化、孤立、無縁社会。「NHKスペシャル」の取材班が問題提起した、安住できる〝終の住家〟を持てずに孤立する高齢者たちが、病院や施設を転々とせざるを得ない〝老人漂流社会〟の現実。一人ひとりに個人番号をつけられ、いつも監視されながら、一人ぼっちで生きていく不安をかかえた高齢者にさしのべられる手は、ほんとにあたたかいのか。

ビートたけしさんにはっぱをかけられ、がんばらねば、と思うのだが。

教育者の東井義雄さんが書かれた「老」という詩の中に、

「老」は
失われていく過程のことではあるけれども
得させてもらう過程でもある
視力はだんだん失われていくが

花が　だんだん美しく　不思議（ふしぎ）に見させて
もらえるようになる
聴力（ちょうりょく）はだんだん失われていくが
ものいわぬ花の声が聞こえるようになる
蟻（あり）の声が聞こえるようになる
みみずの声が聞こえるようになる

どうだ、このなんともすばらしい視点の転換は。せめて、そんな感性を、できればじいじも真似（まね）させてもらいたいと思う。

動かなくなる前に

東京都武蔵野市の井の頭自然文化園で飼われていた、国内最高齢のアジアゾウ〝はな子〟が死んだ。平成二十八（二〇一六）年五月二十六日の午後三時四分。年齢は推定で六十九歳。老衰と見られるという。人間で言えば、どれくらいの年齢なんだろうな。飼育されるゾウの平均年齢は六十歳だというから、ずいぶんと大切にされ、長生きさせてもらったのだ。はな子が生まれたタイでは、お坊さんたちが、はな子をしのんでおつとめをした、というニュースも流れた。

生きとし生けるものすべて、かならず老い、いのち終わってゆく。でもこのごろ、みんなそのことから目をそらし、健康と長生きの話ばかりだ。健康のためのサプリメントの数々、健康診断での早期発見、早期治療から再生医療まで、世をあげて死を遠ざけることに必死となっている。長生きこそ、しあわせなのだ、と。

池田清彦さんの『やがて消えゆく我が身なら』（角川ソフィア文庫）からの引用だが、「大腸菌は何回分裂をくり返しても老衰で死ぬということはない。人の体細胞は五十回も分裂すると老化して死んでしまう。染色体の末端にテロメアという構造があり、分裂のたびにテロメアが少しずつ短くなって、ついには消滅して細胞系列の寿命は尽きる。何回分裂するとテロメアがなくなるかは種によってほぼ決まっているようで、人では約五十回であるが、マウスでは十回、ウサギでは二十回、ガラパゴスゾウガメでは百回を超えるという。それに伴い寿命の方は人は百二十年、マウス三年、ウサギ十年、ガラパゴスゾウガメは二百年である」とある。ちなみに、ガン細胞は例外的にこのテロメアが再生するらしい。ということは不老不死の細胞ってことなのか……。

じいじもそうだが、としをとってくると、どうしてもそとへ出たくないとか、人と会いたくないとか、どこが痛い、どこがしんどいと、なんやかやと理由をつけて引きこもりがちになる。

もちろん、そうでない元気な老人もたくさんおられることは認める。

去年できたことが今年できない、ではなくて、昨日できたことが今日できない、さっきできたことが今できないことに気づいて、「ああ、もうわしはだめだ、私はだめだ」と思いこんでしまう。心とからだのおりあいがつかなくなってしまったのだ。若い頃、どんくさいお年寄りに「そのとしになったら、わかるわい」と言われ、そのとしになったとたん、すべてが老い以外のなにものでもなかったことに、心身ともにがくぜんとしている。

老人介護施設へ通うことをかくす。ちっとも恥ずかしいことではないのに。

平成二（一九九〇）年七月二十日、大阪の港区に、世界にほ

こる水族館〝海遊館〟がオープンし、進化をつづけている。その海遊館で、ある時ちょっとした事件が起きた。事件というほどの大げさなものではないかも知れないが、少しばかり心にひっかかるできごとだった。

〝動かんワニ、解雇(かいこ)〟。小さな記事だった。水族館にすれば、魚たちの元気な姿、ワニの元気な姿をみんなに見てもらいたかった、ということだろう。当然だ。でも、魚だってワニだって、そんなに毎日元気よく泳いだり、動き回ったりするわけはない。魚だって、腹を見せ、泳がなくなって、毎日何匹かは死んでいるかも知れないのだ。私たちは、水そうの中で死んでいる魚を見たことがない。これって、ほんとはおかしいはずだ。

ワニだって、水族館へやってくる前、すでに十年も二十年も生きてきたのかも知れない。水族館へ来た時は、もう老境で、ゆっくりと休んでいたいと思っていたかも知れないのだ。ゆっくりしたいと思って、ゆっくり昼寝をしていたワニは、まるで死んだように見えたのだろう。はく製のワニを置いてるわけではないから、少しは動いてもらわないと困(こま)るのだ。だから、ゆっくりとしたいと思っていたワニは、即、水族館の人たちによって解雇、姿を消してしまったというわけだ。こんなことをいうと、水族館の人に怒られそうだが、死んだ魚が水そうをただよっている姿を、動こうとしない、としとって弱ったワニの姿を、たとえ一日でも二日でも、みんなの目にふれさせておくことはできないのだろうか、と思う。まちがいなく十人のうち九人は、死んだ魚が水そうをただよっていたり、はく製のようなワニを見れば文句を言うだろうと思う。

だが、その動かなくなったところが大切で、そこが〝いのち〟を考える大切な接点だと、じいじは思うのだ。

動かなくなったワニや魚をかくし

てしまうのでは、いつも元気でいきいきのイメージを、植えつけることにならないか。

動かんワニ、動かん魚、動かん犬、動かん小鳥、動かんチョウ……。いいや、動かなくなる前の、としとったワニ、としとった魚、としとった犬、としとった小鳥、としとったチョウ……の姿をかくすことは、〝いのち〟を考える大切な接点をなくしてしまう、ということにならないのだろうか。

生まれ、老い、いのち終わっていく、その厳然(げんぜん)たる真実の前に、私たちはもっともっと謙虚にならなければならん。

凛(りん)として

「命あるものは必ず歳(とし)をとり、体は衰(おとろ)えていくし病気にもなる。死ぬまで元気で、最後は安らかに眠るように逝(い)ってほしいと、誰でも願う。しかし、人間もそうであるように、ペットの大半が病気で死んでいく。ペットを飼っている限り、ペットが歳をとること、病気になることと、いつかは向かい合わなければならない。そして看取るときが必ずやってくる。

……ペットたちが明日も健康で、元気に生きている確率は五十パーセントぐらいだと思っている。今は元気でも、明日何かが起こっても不思議ではない。予測不可能なのは、ペットたちは人間が作った機械ではない、生命の証なのだ。人間だって同じだ。今日、元気で別れた人と、明日また元気に会える保証なんてどこにもない。……僕が心を打たれるのは、動物の病気や死をしっかりと受けとめ、凛(りん)とした姿の飼い主さんに出会ったときだ」

これは、獣医師であり、田園調布(でんえんちょうふ)動物病院の院長・田向健一(たむかいけんいち)さんの言葉だ。

現在も野良ネコのリキをはじめ、鳥、カメ、トカゲ、カエル、昆虫などとくらす二児の父親だそうな。動物病院は、犬、ネコはもちろん、いのちあるものはすべて診る。モリアオガエル、ニホンアマガエル、カメ、ウサギ、モルモット、トカゲ、金魚、ウーパールーパー、カメレオン、リスザル……などなど。

田向さんの、そのいのちあるものとの大奮闘が『珍獣病院 ―ちっぽけだけど同じ命―』（講談社／二〇一一年）に書かれている。涙したり、クスリと笑ったりの、ほんとに心があったかくなる本だ。

じいじは、この本を読みながら、ついこのあいだNHKテレビの「にっぽん紀行」で紹介されていた福岡の大牟田市動物園を思い出していた。

大牟田市動物園の名前は知っていた。平成十五（二〇〇三）年、兵庫の宝塚ファミリーランドが閉園した。その時そこで飼育されていた、メスのホワイトタイガーを引きとって飼育をつづけたのが大牟田市動物園だ。その時引きとられたホワイトタイガーは今も元気で、十五歳だと言うから、人間でいえば八十歳をこえているんだろう。動物園の開園は古く、昭和十六（一九四一）年。平成四（一九九二）年に敷地が二倍に拡大されて、現在四万四千平方メートルの大きさになったという。

敷地の中の多くの動物たちは、訪れる人たちの目を、心をたのしませている。そこまでは普通の動物園と同じだ。

ところで、この動物園のことをほとんどの人たちが「延命動物園」の愛称で呼ぶ。「延命公園」の中にあるからというだけではなく、二百八十頭をこえる動物たちの三〇パーセント以上が人間のとしでいうと七十歳をこえているのだ。それだけではない。その老いた動物たちの姿をかくすのではなく、動物園を訪れる人たちの目に、飼育員と動物たちのいのちの交流を、そしてその姿を、しっかりと伝えていこうという取りくみが、なされているのだ。

高田真理子さん（獣医師）の言葉によると、〝いのちの動物園〟〝長生きできる動物園〟。なかでも有名なのが、老いたカンガルーたちがくらしている「老カンホーム・やすらぎ」。そこには、二十歳以上（人間でいえば百歳ぐらい）のカンガルーたちが、静かに、そしてのんびりとくらしている。ほかにも、十歳をこえるカンガルーたちもいるが、その年齢ではまだまだ若者あつかいとか。

テレビで紹介していたのは、その「老カンホーム」でくらすワカさんと名づけられたカンガルーの、老いと死を追いかけたものだった。二十四歳の若い飼育員とワカさんの日々が、淡々と映しだされていく。もう、寝がえりもうてなくなったワカさん。床ずれを防ぐため、飼育員は体の向きをかえてやったり、歩かそうとしたり。おしっこや、うんちに汚れた体を、きれいにしてもらって、気持ちよさそうに目を細めるワカさん。その顔をのぞきこみ、話しかけ、起きあがらせようとする飼育員。そんな姿が、来園した皆んなの目にやきついていく。寝たきりになって一週間、ほとんど動くことができないワカさんは、口をかすかに動かしている。なに

か言いたそうに。とつぜん立ちあがろうとする。からだをもがく。右の前あしをさしだす。右の前あしをさしだすのは、ワカさんにとっては母とも思える若き飼育員に、「起こして」と言っているのだ。もう一度立ちたい、立って歩きたい。子どもたちの声が、聞こえる。「出ておいでー」その声が聞こえるのか、一生懸命に右の前あしをさしだす。ブルブルとふるえる右の前あしを。……二日後、夜のあいだに、飼育員に気づかれまいとするように、ワカさんは静かに息をひきとった。ワカさんの亡（な）くなったことが、写真とともに、来園したお客さんに伝えられる。

大牟田市動物園は、老いた動物たちの姿を見せものにしているのではない。

老いた動物たちに寄りそい、自然な時間の流れの中で、なんの細工も、なんの主張もなく、ただ、いのちへの思いやりだけを、その姿だけをさしだす。それを、私たちがどう受けとめ、どう自分のいのちと姿と重ねるのかを、静かに問いかけられているのだ。

田向健一さんの言葉が、よみがえってくる。

「僕が心を打たれるのは、動物の病気や死をしっかりと受けとめ、凛とした姿の飼い主さんに出会ったときだ」

人と動物だけの問題ではない。
人と人とのありようを、問われていると、じいじは受けとっている。

（文中のデータは執筆時のものです）

「匂い」と「臭い」と

そとの風は、まだまだ冷たい。しかし、その冷たい風がはこんでくる、すてきな匂いが、庭にただよっている。

ロウバイと、スイセンの匂いだ。

枯木(かれき)のように見えていた、ロウバイの枝につぼみがふくらみ、花が開く。凍てついた大地をとかすように、スイセンがのびてくる。いのちが、動きだしたな、と思う。

いろんな匂いが、あるんだなあ。

ロウバイやスイセンだけではない。ツバキ、マンサク、サツキ、ツツジ、サクラ、ジンチョウゲ、バラ、ボタン、シャクヤク、エビネ、チューリップ、ユリ、スミレ、コアニチドリ、ユキワリソウ、フウラン、セッコク、ネジバナ、サギソウ、ニンジン、ネギ、ホウレンソウ、キュウリ、ダイコン、トマト、ピーマン、ナス、カボチャ、スイカ、ショウガ、イチゴ、ブドウ、サクランボ、ミカン、ウメ、アンズ、カキ、キンカン、カリン、ユズ、リンゴ、レタス、ハーブ、スギ、ヒノキ、マツ、イヌ、ネコ、ウシ、ウマ、シカ、アオムシ、セミ、クワガタ、カブトムシ……。

みんな身近な花であり、果物であり、樹木であり、昆虫であり、動物たちだ。石けん(せっ)やシャンプー、化粧品もある。数えていけば、きりがない。土にも匂いがある。

地球上に、わかっている香りの種類は、約四十万種だと言われている。君も、じいじも、まちがいなく、たくさんの匂いにつつまれて、生きている。

「赤ちゃんの匂いって、だいすき」と皆んな言う。ほんのりと、おっぱいの匂いがただよう。だれも「きらい」と言う人はいない。

ついこの間、君の友だちが遊びにきて、じいじのそばを通ったとき、鼻をつまんだ。その時じいじは、なんにも気にしなかった。あとで、君から、

「おまえのおじいさんは、加齢臭がする」と友だちが言ってたと聞き、じいじは、鼻をつまんだのはそういうことだったのか、と納得した。

赤ちゃんの匂いのように、「じいじの匂いは、いい匂い」なんて言う子どもは、まあいないだろうな。

〝加齢臭〟と言いだしたのは、いつ頃のことなんだろうなあ。その前は〝老人臭〟と言ったのか。たしかに、じいじにも匂いはある。それは、赤ちゃんの匂い、子どもの匂い、思春期の匂い、といったように、それぞれの成長過程での匂いだと思う。大人の匂いもそうだ。それが、年寄りの匂いだけが、きわだって取りあげられ、〝加齢臭〟などと呼ばれだした。だから、〝加齢臭〟を消すための石けんが飛ぶように売れたり、「加齢臭をふせぐ十カ条」なんてつくりだされたり、そのために、それまで気にもとめなかった自分の匂いを気にする、お年寄りが、急激にふえだした。

〝加齢臭〟の定義ってあるのか、何歳ぐらいからそう呼ぶのか。〝加齢〟っていうのは、年を重ねていく、ってことだろう。だったら、だとしたら、人間が生きている間、ずっと〝加齢臭〟と仲良くしているってことだろう。それが、としとって、年寄りになって、とつぜん〝加齢臭〟が発現するみたいに言い出して、じいじみたいに「それがどうした」と開き直れないお年寄りの多くは、深く心を傷つけられた。

〝へくそかづら〟というアカネ科の多年草がある。細いつるで、近くのものにまきついてのびてゆく。夏、筒型で、外が白く、内が紫色の小さな花をつける。どこにでも見られるし、じいじが子どもの頃、この花を手や、ほっぺたにひっつけて、お灸(きゅう)のもぐさに見たてて遊んだことがある。〝灸花(やいとばな)〟とも呼ばれた。

〝へくそかづら〟の〝へ〟は、〝屁〟で、おならのことだ。〝くそ〟は〝糞〟で、うんちのことだ。くさい臭いがするからと、こんな悲しい名前をつけられてしまったのだ。でも、じいじは、この花の臭いを、なんどもかいでみたが、名前のようなおならやうんちのような臭いはしなかった。

バラの匂いはいい匂いだと、最近、バラの匂いのエキスを錠剤にしたサプ

リメントが、広告されていた。それを飲めば、からだからバラの匂いをただよわせ、呼吸するたびに口からはバラの香りを、ということだろうが、じいじはノーコメントだ。あまり、わからん。

〝へくそかづら〟は、自分にそんな変な名前をつけられているとも知らず、小さな、やさしい花をほこらしげに咲かせ、夏を荘厳(しょうごん)している。

いい匂い、悪い臭い、それを決めたのはだれだ。いい匂い、悪い臭いなんてない。いい、悪いを決めているのはまさしく人間であり、私であり、私のものさしだ。

お年寄りの匂いを〝加齢臭〟などと名づけて、忌(い)みきらうが、その匂いは、ただとしを重ねただけの匂いではない。よろこび、悲しさ、つらさ、うれしさの中で、一日一日を一生懸命に生きてきた証の匂い、そう、人生の匂いなのだ。どんな石けんでも落ちない、洗い流すことのできない、それぞれ一人ひとりの人生の匂いなのだ。

昔は、だれ一人としてお年寄りの匂いに、鼻をつまんだ者はいない。お年寄りは、自分の生きてきた人生の匂いを、子どもたちににじまんしていた。

土の匂いがしていた。ウシの匂いがしていた。いねの匂いがしていた。ざらざらした手のひらのひびわれに、匂いがしみついていた。

お年寄りのじまんだった。

　君の友だちに、言ってくれ。

「鼻をつまんだその指で、君は、いつかくる老いのその日、自分の鼻をつまむのか、と。じいじがそう言っていた、と……」

まちがいのない、いのちのこと

朝起きて、犬のシロと散歩。シロの楽しみは二つ。散歩とごはん。四十分から一時間、ずいぶんと急いで、同じ距離を歩いているのに、歩くたびに時間がすこしずつのびる。シロもとしとってきたから、と犬のせいにしているが、じいじの足もおとろえているのだ。

農家の人に、出会う。

「ことしも、異常気象ですなあ。

昔は、〝五風十雨(ごふうじゅうう)〟なんていう言葉

を、よう使うたもんですが……」

五日ごとに風が吹き、十日ごとに雨が降る。そんな気象が、土を耕し米や野菜をつくる百姓にとって、あたり前だと思っていたのは、昔のことだというわけだ。

散歩から帰って、すこし休んで、二階へのぼろうとして階段のところで足がもつれ、ふらつく。のぼりはじめると、なぜか体がうしろへ引きもどされそうになって、あわてて手すりをつかむ。

本を探す。たしかに買って本棚へ並べたはずなのに、どう見わたしても見つからない。ふと、気づく。同じ本が、本棚のあっちとこっちにあって、まちがいなしに、買ったけれど読まずに本棚に並べ、また買ったのだ。それが一つや二つではない。

昼ごはんを食べ、居間のいすにすわってテレビをつける。若い芸人さんが、自分を目立たせようと、ギャアギャアさわいでいるだけの番組なんか、まったく受けつけなくなった。もっぱら、ニュース、天気予報、そして刑事ものや推理ドラマ。チャンネルを合わせ、周りに気がねしながら音をすこし大きくし、セリフで文字がテレビの画面に表示されるようにセットし……、ふと気づくと、いつの間にかねむっていて、ドラマの脈絡がめちゃくちゃ。いつねむったのかさえまったく自覚がなく、がくぜんとする。さいきん、こんなことは、しょっちゅうだ。

根気がない、気力がない、判断力もない、物を忘れる、なんでも先送り、いつもねむたい。新聞や本を読もうとして、めがねの度数が合っていないことに気づく。いつも、そのたんびに気がついていたのに、ずっとほったらかしだ。それに加え、指先がつるつるして、ページがめくれない。だから、指先をペロリとなめてからページをめくる。そばにいる人からは、なんて行儀のわるい、汚ならしいじじいだろうと、見られ思われているのは覚悟の上だ。

外出する時も、「いまさら、なんで……」と独り言をぼそっと口にして、普段着のままだ。そとに出て、二、三分歩いて、そこでハタと気がつく。扇風機はとめたか、テレビは消したか、カギはかけたか、保険証は、診察券は、おかねは、めがねは……。

ついさっき確認したはずなのに、不安になって、あわててかけもどる。石につまずき、息を荒げて。

友達が亡くなっても、親族が亡くなっても、その時はだれよりも悲しみにくれていたくせに、一カ月もたてば、その悲しみをケロリと忘れてしまう。なんて薄情な、と思う。

じいじの一日一日は、こんな具合だ。

君は、フフンと鼻の先で笑う。でもなあ、じいじのとしになれば君にもわかる。ああ、じいじが言っていたのは、こういうことか、と。

作家の黒井千次さんは、『老いのかたち』（中公新書／二〇一〇年）の中で、「老人らしさ」ということについて、「年齢を厚く重ねたことによってのみ生み出される風格、品位、静穏とでもいったもの……」とお書きだが、じいじは、風格、品位、静穏からはまったくほど遠い単なる老いぼれにすぎんなあ。本当に、黒井千次さんのおっしゃる「老人らしさ」を身につけなければならん、とは思うのだが、もう今さら、むりだ。

今日が一番元気で、しっかりしている、と思いながら生きている。そんな中で、なんか大切なものをつぎつぎ忘れていくように思えてならない。その大切なものがなんなのかも思い出せないし、忘れているじいじなんだが……。

君の友達さとしくんのおじいちゃんは、じいじよりすこしとしが上だ。だから、じいじの一日一日と、似たりよったりらしい。

このあいだ会ったら、

「こんなヘロヘロになってから、ずっと気にかかっていた〝終活(しゅうかつ)〟というやつが、解決しましたんや」とおっしゃった。

君は〝終活〟って、家のことや財産のことを解決しておくことだろうぐらいに思うているだろうが、それよりも大切な〝終活〟は、かならず終わる自分のいのちの解決をしておく、ということだ。

「ばあさんが、昔、わたしが子どもだった頃、わたしらはなあ、マンマンちゃんに、そのままおまかせしたらええねんで、そう言うてたんを、

ほっと思いだしましてなあ。マンマンちゃんに、そのままおまかせする、マンマンちゃんが、ぜんぶ、ちゃんとしてくださる。〝終活〟って、わたしがすることやなかったんやと、気づかせてもらいましてなあ、はずかしながら……」

君とも、話をせんといかんなあ。

さとしくんのおじいちゃんが言うてはる、マンマンちゃんの、大きな大きな、はたらきのことを。

いつ終わっても、まちがいのない、いのちのことを。

だいじな、だいじなことなんや。

ひ

ひとつの織物のように生きてきた、
地球上のひとつひとつの
「いのち」たちよ。

なにもできんか

お正月が過ぎてすぐのことだ。小学校から中学校まで同級生だった友達の源さんが、会ったとたん、「あかん」と、言った。

源さんの言葉は、たいせつな主語のぬけおちることが多い。

「え、なにがあかんのや」と、じいじは問いかえした。

「見つからん」

「なにが、見つからんのや」

「セリが」

「セリって」

「春の七草(ななくさ)のセリのことを言うとるんや」

源さんは、怒って、どなるように言った。

一月七日の朝は〝七草がゆ〟を食べよう、と思ったというのだ。ずっとずっと昔、子どもの頃食べたことがあって、何十年ぶりかにそれを思いだし、食べてみたくなったというのだ。

「どうして、また、急に」

じいじはたずねた。すると源さんは、老いの白髪頭（しらがあたま）をふりたてて、言った。

「それが年寄りというもんや。とつぜん食べとうなったんや。それだけのことや」

と。

一月七日に〝七草がゆ〟を食べている人が、今どれくらいいるんだろうか、とじいじは思った。じいじの記憶の中でも二どか三どのことで、味だとか舌ざわりなんて、すっかり忘れはてている。

日本には、奈良・平安時代以降に年中行事として行われた、五度の節句があった。陰暦正月七日の人日、三月三日の上巳、五月五日の端午、七月七日の七夕、九月九日の重陽の五節句だ。その五節句のひとつである〝人日〟の一月七日、春の七草をかゆに入れて食べる風習があったのだ。お料理の先生に聞くと、お正月のおせち料理でつかれた胃を休ませ、野菜が乏しい冬場に、不足しがちなビタミンや栄養をおぎなう、という意味があったようだ。

〝春の七草〟って知ってるよな。セリ・ナズナ・ゴギョウ・ハコベラ・ホトケノザ・スズナ・スズシロの七種類の野菜のことだ。

〝春の七草〟の筆頭がセリ（芹）。小川などの清流で育った水ゼリと、田んぼで育った田ゼリの二種類がある。じいじは子どもの頃、水ゼリや田ゼリを摘んで帰ると、夕食の時、それがすぐおひたしになって、食卓にならんでいた。セリ独特の匂いと味、じいじは大好きだった。

ずっとずっと、昔のことだ。源さんにも、その想い出がきっとよみがえったのだろう。だから、小川を、たずねたのだ。田んぼを、たずねたのだ。セリの生えていた記憶を、たどったのだ。

しかし、やっぱり、なかった。

小川が、消えた。田んぼが、消えた。セリが、消えた。消えたことは、ずっと以前から、源さんは知っていたはずだ。小川には、サワガニもいた。メダカもいた。モロコもいた。ドジョウもいた。ぜんぶ、どこかへ消えた。

「あかん」

源さんの叫びは、セリが見つからなかったことだけではなく、大自然の営み（いとな）が壊されていくことへの「このままやったら、えらいことになるぞ」という叫びだったのだ。セリは、『奈良県版レッドデータブック』によると、絶滅危惧種の一つだ。ナズナ（薺）は、別名ペンペン草。年中その栄養価の高い姿を風にまかせ、ゆれている。冬だけは、放射状に重ねた葉を地面に張りつかせ、冬の弱い光を葉いっぱいにとりこんで、春をまっている。ゴギョウは、母子草（ははこぐさ）のこと。これも絶滅危惧種。ハコベラ（蘩蔞）は、道端や畑など、どこにでも生えているハコベのことだ。ホトケノザ（仏の座）は、キク科のコオニタビラコ（小鬼田平子）のことで、地面にひろげた葉が仏さまの蓮華座（れんげざ）に似ていることから、そう呼ばれた。しかし、コオニタビラコも絶滅に近い。田平子（たびらこ）と名づけられたように、田んぼに小さな葉をひろげて生きていたが、その生息地が大きく変化してしまったのだ。スズナ（菘）は、カブラ（蕪）。スズシロ（清白）は、ダイコン（大根）。

源さんが、しみじみというのだ。

「このままではあかん、ということはいっぱいある。けどなあ、わしのようなじじいでは、もうなにもできん。いや、わしのようなじじいでも、できることの一つや二つ、あるやろか。わしらの子どもの頃の田んぼのように、小さないのちが、いっぱいひしめきあって生きていた、生かし合っていた、

そんな姿に、もどせるやろか。小川が雑草におおわれ、藻(も)がいっぱいはびこり、どろどろの生活排水が流れ、そこに生きていた小さなものたちのいのちが消えた。どぶ川となった小川を、わしらの子どもの頃の美しい小川に、もどせるやろか。村のすぐそばにあった雑木林もなくなった。木の葉が散って、樋(とい)がつまるとか、屋根がいたむとか文句が出て、木をみんな伐(き)ってしもうた。そこにおったクワガタも、カブトムシも、ブンブンも、皆おらんようになった。今さら、苗木を植えて雑木林をつくっても、もうもどってきてはくれんやろな。……春の七草も、春の五草、春の四草になりかけとる。そのうち、春の七草は言葉だけになってしまうのかも知れん。そうならんように、このじじいにできることは、ないやろか。昨日、ちかくのスーパーのぞいたら、春の七草が売られとった。だれかが、栽培しとるんや。これ、おかしいと思わんか……」

じいじは、ほんと、なんにも答えられんかった。

君だったら、答えられるか。

源さんの、問いかけに。

「旬（しゅん）」が消える

じいじもそうだが、お年寄りが集まるとかならず、こんな会話が、なんとなくさびしげにくりかえされる。

「季節感が、なくなりましたなあ」

「ほんまに。まず四季がなくなりました」

「春からすぐに夏、夏がおわりかけるとほんのみじかい秋らしきものがあって、冬に」

「どうなっとるんでしょうなあ」

お年寄りは、とくにじいじのまわりのお百姓さんは、自然界のリズムに寄りそいながら、自然界の息吹きとともに一年を生きておられるのだ。

「旬が分からんようになりましたし、旬のもんもなくなってきたようで……」

旬を辞書で引いてみると「魚・貝・野菜・果実などの、最も味がよいとき。転じて、物事を行う最適の時期」とある。

君たちにとっては、旬なんて関係のない言葉だろうが、じいじらの年代は、旬にこだわり、旬をはずすことができない。

君の机のそばに今年の真新しいカレンダーが、掛けられているが、それは明治五（一八七二）年から採用された太陽暦で、新暦といわれている。それまでは、太陰暦と太陽暦を組み合わせた太陰太陽暦で、旧暦といわれるものだ。

旧暦というのは、じいじももちろん知らないが、それは日本人がずっと長いあいだ親しんできたくらしの暦だ。月日は、月の満ち欠けによる太陰暦で定められていたのだそうだ。

季節は太陽暦の一年を四等分した春・夏・秋・冬。それを、立春・雨水・啓蟄・春分・清明・穀雨／立夏・小満・芒種・夏至・小暑・大暑／立秋・処暑・白露・秋分・寒露・霜降／立冬・小雪・大雪・冬至・小寒・大寒／と各季節を六つにわけて二十四節氣。それをまた、初候・次候・末候と七十二にわけた七十二候。

この一日一日の流れと季節の流れを、肌で味わいながら、一日一日を生きた人たちの心のうるおいに思いをやる時、じいじは胸があつくなる。

七十二候をじっと眺めると、そこには〝草木萌え動く〟〝地始めて凍る〟といった自然現象だけでなく、〝桜始めて開く〟〝桃始めて笑う〟といった花へのまなざし、〝玄鳥至る〟〝雉始めて鳴く〟といった鳥たちへの寄りそい、〝蚯蚓出ずる〟〝蛙始めて鳴く〟〝蟷螂生ず〟〝蚕起きて桑を食う〟のように、小さなものたちへの、いのちある生きとし生けるものたちへ通わせる、人間のやさしい心くばりが見える。こまかく季節を、自然を見つめ、それはまた、農を中心として生きる私たちの生活の暦でもあったのだ。

旬がなくなっていく、消えていく、ということは、きっと生態系に変化が起きていることなのだと思う。

森林が消える、草原が消える、湿原が消える、河川が、湖沼（こしょう）が、サンゴ礁（しょう）が……。

自然界のいのちのつながりが、生物とのいのちのつながりが、さまざまの恵みをもたらしてくれた地球上の生きとし生けるものたちとのいのちのつながりが、今、壊れようとしている。

昔の人たちは、季節の移ろいのなかでいのちの移ろいを感じ、生まれ死んでいくいのちにおのれのいのちを重ね、地球という壮大な織物の一本の横糸でしかない自分を、しっかりと見つめていたのだ。

旬がなくなってきた原因の一つに、地球の温暖化があると言われて久しい。

国際連合の組織の一つに〝気候変動に関する政府間パネル（ＩＰＣＣ）〟がある。そのＩＰＣＣが、二〇一三（平成二十五）年秋に公表した報告書によると、世界の平均気温は一八八〇（明治十三）年から二〇一二（平成二十四）年までの百三十二年の間に、〇・八度上がったという。その〇・八度について「朝日小学生新聞」は「空気や熱のバランスがくずれて、それを修正しようと空気や海水に激しい流れが起きる。台風のような低気圧が急に発生したり、冬には寒波や大雪になったり、夏には台風が予想外のコースを進んだり、せまい地域で突然はげしい雨が降るゲリラ豪雨につながったりする。（略）人間がこのままのペースで温室効果ガス（二酸化炭素やメタンガス）を出しつづけると、今世紀末までに二・六度～四・八度も気温が上がり、日本は本州の多くの地域が沖縄や香港のような亜熱帯になってしまう……」と報じた。

この記事は、君も読んだはずだ。読んだところで、実感はないわなあ。君と同じくらいの子どもたちのうち、何人くらいがこの記事を読んで、真剣に考えてくれただろうか。急激に気候が変化することで、適応できなくなった動物や植物が、絶滅の危険にさらされる可能性があると言われている。二〇一七（平成二十九）年十二月五日、国際自然保護連盟（ＩＵＣＮ、本部スイス）が、絶滅の恐れがある動植物を記載した「レッドリスト」の最新版を発表した。今回は世界の九万一千五百二十三種を評価し、二万五千八百二十一種を絶滅危惧種とした。日本では固有種のヘビ、トカゲ類の計四十六種を評価し、三分の一が絶滅危惧種とされた。

春の〝啓蟄(けいちつ)〟初候に、〝蟄虫(すごもりのむし)戸(と)を啓(ひら)く〟とある。冬ごもりしていた虫だけではなく、さまざまな生きものたちが目ざめはじめる、というが、いつまでつづくのだろう、そんな生きものたちの姿が、いのちが……。

末候は〝菜虫(なむし)蝶(ちょう)と化(か)す〟。冬をすごしたさなぎが羽化(うか)し、蝶に生まれかわる頃のことだが、キャベツにしろ、白菜にしろ、きれいな姿でないと売れないからと殺虫剤を散布する。

だから、まったくさなぎなんていない。じいじの知りあいのお年寄りは、いっさい殺虫剤を散布せず、青虫に食べられるだけ食べられた穴ぼこだらけのキャベツを、せっせとつくっている。

「蝶のため……」と、つぶやきながら。

それを見たあるお年寄りは、

「あの人は、昔から、ちょっと、かわっとる……」と、言う。

じいじは思う。

——ちょっとかわっとる人こそが、今ひつようなのと、ちがうか。

と。

田んぼのいのち

水がない　水をさがそう　早くさがさないと　たまごを生めないぞ　赤蛙(あかがえる)よ。
と言うのは　とのさま蛙。
どうするのだ　どうするのだ　もう　ここがさいごだ。
まいとしここでタマゴを生み　子どもたちがそだった。
人間は　どうしたのだ　苗代(なわしろ)の代(しろ)かきもしない　種もみも　おとさない　干上(ひあ)がったま
まの田んぼが　ひろがっている。
田の生きものたちが　どうなったか　知っているか。
どうするのだ。
どうしようもない。
おれも　死んでゆくのか。
しかたがない　わたしも　そうだ。

どこか　水をさがそう　どこかに水が　あるだろう　干からびない　そのまえに　いく
ぞ　おまえは　どうする。
わたしはつかれた　ひとあしも　あるけない　どうぞ　いってくれ　わたしは　ここで
死をまつ　いのち　つたえられなかった　かなしみの　なかで。
さようなら。
ああ　さようなら。

（くさかせいじ『未刊詩集・いのち』）

君たちが、学校からの帰りに遊んでいた田んぼが、今埋め立てられようとしている。じいじたちも学校の帰りに遊んだ田んぼだ。

稲穂が、あたまをさげる頃、イナゴがたくさんいた。稲の子という意味の、長さ三、四センチの昆虫だ。からだはみどり色で、背は茶色。稲の葉っぱを食べるので、害虫とよばれた。

今、埋め立てられようとしている田んぼの広さは、九十反（たん）（二万七千坪、九百アール）というひろさだ。埋め立てられ、造成され、アスファルトでおおわれる。

田んぼの一年はこうだ。俳句の季語にもなっている。

稲を刈ったあと、春までそのままにしてある田のことを春田という。刈った稲かぶから芽がのび出している田もあれば、水がたまってきらきらと輝いている田もある。田をたがやす田打ちがはじまる。畦ぬり、苗床、苗代、代かき、苗とり、田植え、青田、田草とり、案山子、鳴子、秋の田、稲刈り、稲架、稲扱、わら塚、冬田とつづく。この中のいくつかの季語は、農業の機械化によって消えようとしている。

田んぼに水が入り、田植えがはじまると途端に、いろんな生きものたちが現れる。ミジンコ、カブトエビ、タニシ、カエル、ヒル、ゲンゴロウ、タイコウチ。水カマキリもいる、子負虫もいる、ヒメアメンボもいる。稲から稲へ、いろんなクモたちが動きまわる。そんなクモをねらって、ツバメが低空飛行で飛びまわる。イトトンボたちも、風にながされるように飛びかう。そんなトンボたちをツバメが追いかける。

村のお年寄りが思いおこすように言う。「そんな風景はいつごろのことやったかのう」

そして、田んぼで生きている多くのいのちのことを、ぼそぼそと話し、それをじいじは「ふん、ふん」とうなずいて聞いている。まるで、じいじが子どもだった頃と、おなじように。

春になると、田んぼの細いあぜ道に、いろんな花が咲く。気がつかないような、小さな小さな花を咲かせる草もある。苗代の頃には、ヘビイチゴが赤い実をのぞかせる。

ちょっと考えると、稲だけが田んぼで生きてきたように思うがそうではない。田んぼとともに、人も、小さな虫たちも、草たちも生きてきたのだ。

「私は百姓だ」と宣言して、水田の減農薬運動を提唱し、「農と自然の研究」をつづけてきた宇野豊（うのゆたか）という人がいる。宇野さんは長崎の人で昭和二十五（一九五〇）年生まれ。

宇野さんは、田んぼに生きている虫たちを、「農と自然の研究所」の人たちといっしょに稲にとっての害虫、益虫の分類をした。その結果、害虫は百五十種、益虫は三百種に分類できたが、

田んぼには、そのどちらにも入らない虫たちもたくさんいることがわかった。その虫たちも、他の虫たちと共に田んぼの中で生きているのだ。宇野さんは、どちらにも入らない虫を〝ただの虫〟と呼び、その〝ただの虫〟がなんと千四百種もいることがわかったと、平成二十二（二〇一〇）年にその調査結果を発表された。そして、「田んぼの生物多様性」と名づけられた次の調査では、田んぼの中にいる生きものたちの主な種類を動物と植物に分け、動物二千七百九十一種、植物二千二百八十種をリストアップした。

それにしても、なんというのちの数だろう。

平成二十六（二〇一四）年三月二十六、二十七日、浄土真宗本願寺派（西本願寺）の第二十四代即如ご門主（当時）が、オーストリア・ウィーンで開かれた〝宗教間対話会議〟に、仏教の代表として参加され、「現在に生きる人間の責任として、将来の人類の人権、さらには、人類以外の動植物の生存権を守ることが大変重要な課題です」と、提言された。

この大切な提言を、君は今、しっかりと心に刻みこんでおいてほしい。

田んぼが造成されてゆく。造成されてゆくということは、そこに生きていたいのちが死に絶える、ということだ。

私たち人間のいのちが、田んぼで生きる虫たちのいのち、草や花たちのいのちと、かかわりあっていないということはないのだ。

あぜ道に花が咲き、雑草がはえ、トンボが飛びかい、ヘビがおり、トカゲがおり、オタマジャクシがおり、メダカがおり、イナゴやバッタが飛びはね、花の声、虫たちの声が聞こえる、話せる、そんなあたり前の風景がかつてはあった。それが消えようとしている。

君の見ている田んぼの埋め立ては、地球の上の、点にもならない小さなできごとかもしれないが、しかし虫たちは、花たちは、草たちは言う。私たち人間に。

「地球は、あなたたちだけの星ではないのですよ」

と。

いのちの声

「ほら、あの一ばん底のほうで、大きな目を光らせているのが、ボスのクロメダカだ」
じいじの水そうの中には、ボスのクロメダカと、ヒメダカ、シロメダカがごちゃごちゃと二十一ぴき。

メダカって、目が顔の上のほうについている。口は受け口になっている。自然界の小川や田んぼで、水面に浮かんだプランクトンやえさを見つけやすく、食べやすいようにとの配慮だ。しかし、水そうの底のほうで、なわばりをまもっているボスは、しずんできたえさを食べようとするが、食べにくい。よく見ていると、えさを食べようと、さか立ちしたり、ひっくり返ったり。浮き上がって食べればいいのにと思うが、なわばりが大事らしい。

メダカって、いつごろから日本に住んでいたと思う？　驚くなかれ、数百万年前から日本列島に住んでいたことが、化石などの研究からわかっているのだ。日本人どころか、人類誕生の前からメダカはいた。すごいねえ。

「めだかの学校」という童謡は知ってるね。発表されたのは昭和二十六（一九五一）年、NHKラジオの「幼児の時間」。

サンケイ新聞社会部編『甦れ　小さな生きものたち』（昭和五十二年刊）にこう記されている。

「NHKから作詩依頼を受けた詩人の茶木滋さん。春らしい、のんびりとしたうたをということだった。当時茶木さんは小田原の家が戦災で焼かれ、箱根に引っ越していた。そんなある日、長男で六歳の義夫ちゃんの手をひいて、小田原の郊外の農家へ、イモの買い出しに出かけた。その途中、小川をのぞいた義夫ちゃんが叫んだ。〝おとうさーん、メダ

カだよ〟。茶木さんもつられて小川をのぞきこんだが、メダカはもうみんなかくれてしまった。すると義夫ちゃんがいった。〝またくるよ。まってようよ。ここ、めだかのがっこうだもの〟。『めだかの学校』は、小川のふちに腰をおろした、この親子の心から生まれた」と。

その後何年かして「めだかの学校」が誕生した小川を記者が訪ねている。「当時は一面の稲田だったこの付近は、予想した通り、すっかり変わってしまった。住宅や工場が建ち並び、やっと見つけた小川は洗剤の白い泡で埋まっていた」

「めだかの学校」が誕生した頃の小川や田んぼは、メダカやフナや、ゲンゴロウやドジョウや、たくさんの生きものたちの、ずっとずっと昔からつづいてきた楽園であった。しかしその楽園は、人間による開発、自然環境の破壊によって急速に壊されていった。自然と共生していた小さな生きものたちを、つぎつぎと死に追いやり、種の絶滅へと追いやった。全国どこでも見られたメダカも、その犠牲となったのだ。

廃校寸前となった、「めだかの学校」をなんとか救おうと、分校がつくられた。それが、水そうだ。せまくて、さびしそうな分校だが。

環境省の報告では、メダカは今〝絶滅危惧種Ⅱ類〟。絶滅の危険が増大している種、ということなのだ。メダカの呼び名は、全国で五千語ちかくあると言われている。それほどに、皆んなの身近で、ともに生きてきた仲間なのだ。

〝宇宙メダカ〟は、その後どうなったんだろう。

一九九四（平成六）年、アメリカフロリダ州のケネディ宇宙センターから打ち上げられたスペースシャトルで、向井千秋（むかいちあき）さんらとともにメダカも十五日間の宇宙の旅をした。そして無重力状態のなかでたまごを産み、メダカの子どもたちが誕生したのだ。

メダカの寿命は、自然界では一年半から二年。飼育されているメダカでも四年から五年だと言われている。だとすると、今、宇宙メダカの何代目の子孫（しそん）が生きているのだろう。

君の友達が、こう言ったそうだね。

「メダカが絶滅しても、ぼくにはなんの関係もないよ。トンボがいなくなったって、ちっとも困らないよ。なぜ、メダカメダカってさわぐの……」

つめたいねえ。あたたかな情なんて、ひとかけらもない。

君の友だちは、メダカの声を聞いたことがあるんだろうか。フナの声を聞いたことがあるんだろうか。

クツワムシやマツムシや、コオロギの声を聞いたことがあるんだろうか。タガメや、ヒメタゴウチやコバンムシの声を。

ツキノワグマや、イノシシや、シカや、もう絶滅してしまったオオカミの声を。シジミチョウや、イトトンボの声を。

それだけではない。

今、生きとし生けるものたちの、悲しげな声を、叫びを。

——あなたがた　にんげんが　ここに住みはじめて
すべてが　かわり
へんに　なったのです
ふかい山も　森も　林も
うつくしい水のながれも
いのちはぐくんだ　池も　田んぼも

すべてが　かわってしまったのです
わたしたちは　あなたたちにんげんが
いなくなっても
すこしも　こまらないのです
こまらないどころか　みんなみんな
なかよく
生きてゆけるのです

人間だけが、この地球上に最後まで生き残れると考えてはいけないと、じいじは思う。

アマゾンは豊か

一九九二（平成四）年に開かれた、ブラジル地球サミットでかわされた、アマゾン先住民と日本の視察団との会話が残されている。

問　あなたがたの生活が知りたい。　答　今日の食べ物を採ることが今日のしごと。

問　採れなかったら？　答　あす採る。

問　採れなかったら？　答　つぎの日採る。

問　困らないか？　答　困ればだれかにもらう。

問　余分にとっておけばいいではないか。　答　余分にとるとくさる。

問　それなら、かんそうさせて保存すればいいではないか。　答　新鮮なほうがおいしい。

問　……。食事はどうするのか。　答　食事はみんなで食べる。

問　誰(だれ)かがきたら？　答　みんなで食べる。

問　足りなくならないか？　答　あるものをみんなで食べる。

問　……。寝泊(ねと)まりはどうするのか？　答　みんなで寝る。

問　誰かがきたら？　答　きた人は泊める。

問　場所が足りるか？　答　泊めないとその者は死ぬ。ワニやピラニアがいる。泊めなければ、わたしもいつか死ぬ。

問　家具や道具がすくないが、困らないか？　答　要(い)るものはある。要らないものは要らない。アマゾンは豊かだ。誰のものでもない。何百年、こうして生きてきた。

私たちの周りには、今、なんでもある。アラジンのランプみたいに、欲しいものはなんでも手に入る。じいじは、それを喜んでいるのではない。むしろ、その逆なのだ。なにか大切なものを、なにか大きな忘れものをしてしまったのではないかと。

じいじが子どもだった頃は、ガスや水道なんて便利なものはなかった。水は井戸からくみあげていた。ところが、じいじの家の井戸水は赤金気といって、ろ過しないと使いものにならない。大きな陶器のつぼの底にシュロの皮をしき、その上に炭を入れ、またその上に砂を小さなものから大きなものへと何層にもわけて積み重ね、そこを通った水が、一番下の小さな口からチョロチョロと流れ出してくる。それをいくつかのバケツにためておいて、家じゅうで使っていた。ごはんたきから、のみ水から、ふろ水まで。のちになってつるべから手押しポンプにかわり、その柄をガッチャンガッチャンと上下させて、水をくみあげた。

今のような洗たく機なんかないから、お母さんは、たらいか、村のすぐそばを流れる川

で洗たくをしていた。村のお母さんがたも皆んなそうした。おしゃべりしながら。

村の家々は、ほとんどがにわとりを飼っていた。じいじもそうだった。じいじはオス一羽と、メスを五羽飼っていた。じいじが世話をする役目だ。放し飼いだから、にわとりは庭のあちこちを掘(ほ)り返して、ミミズや虫をさがして食べていた。しかしえさはえさとして別に与えなければならない。近くに生えているハコベや、野原やつつみでつんできた野草をきざみ、米ぬかと練って与える。夜になるとにわとりたちは、庭の高い木のいちばん下の枝にとまって寝る。ある日、一羽のメスがいなくなった。「イタチか野良犬にやられたんだ」と大人は言った。悲しんでばかりいられない。のこりのにわとりの世話で精いっぱいだ。三週間ほどしたある日、離れの床下から、行方不明になっていたメスが突然現れた。それにつづいて、なんと一列にならんで六羽のヒヨコが、ピヨピヨピヨと鳴きながら、そのあとを追って出て来たのだ。じいじはびっくりして大声で叫んだ。「ヒヨコだ、ヒヨコだ！」

メスのにわとりは、床下で三週間もたまごを抱いていたのだ。食事はどうしていたんだろ。じいじが学校へ行ってる間に、こっそり出てきて、そこいらのものを食べていたんだろうか。

じいじは、その日から、忙しくなった。ヒヨコの世話まで加わったのだ。

君はどう思う。家の庭に生みおとされた卵をひろって、それを食べるなんて、ぜいたくかなあ。じいじの子どもの頃は、あたり前だった。子どもたちは皆んな自分の家でにわとりを飼い、「白色（はくしょく）レグホンだ」「名古屋コーチンだ」とじまんし合った。皆んな貧しかった。しかし、皆んな貧しいからといって、しょげたり、悲しんだりはしなかった。

コッチン　コッチン、柱時計の振り子の音。

コトコト　コトコト、ほうちょうの音。

家じゅうにひろがる、焼魚の匂い……。

家族皆んなが集まる茶の間を占拠している、丸いちゃぶ台。日本人の食生活を変えたのは、ちゃぶ台だといわれる。江戸時代までの日本は、銘々膳（めいめいぜん）で、家族そろって一つのお膳をかこんで食事をすることはなかった。

夕食はかならず、そのちゃぶ台を皆んながとりかこむ。お父さんとお母さんと子どもたち。ひじとひじがぶつかりあうほどのせまさ。ちゃぶ台の上には、魚の塩焼き、野菜のにもの、あえもの、お汁、つけもの、ごはんが並ぶ。家族そろっての食事が、この上ないごちそうだった。

「孤食」と言われて久しい。一人ひとりがべつべつに、ただ胃を満たすためだけに食事をする。最近、「孤族」という言葉があちこちで使われ出した。また、「家族」というつながりでなしに、一つの家の中に住みながら、それぞれが一人ぼっちだという人もいる。人と人とのつながりが消え、その上に家族のつながりまで消えてしまっては、大変なことだ。ちゃぶ台の存在を思う。

はじめに書いた、アマゾンの先住民をたずねた視察団の言葉は、こうしめくくられている。

「自分たちの文明には、何か大きな誤りがあるのではないだろうか……」と。

じいじも深くうなずいているのだ。子どもの頃のじいじは、貧しかったけれど、なぜか心ゆたかでしあわせだった、と。

たった一つになった巣

日本の旧暦は、一年を二十四の季節に分け、花や鳥や草木の自然現象にまなざしをむけて、七十二候というこまやかな季節の移ろいを取りいれた。

若葉が萌え、花が咲き、鳥が歌い舞う。いのち輝く季節の五番目は〝清明(せいめい)〟。その初候十三候は〝玄鳥至(つばめきたる)〟だ。四月の初旬ごろだ。

村の旧家の納屋の梁(はり)。巣が二つ並んでいる。一つは去年の巣。そしてもう一つは、今年南の国から帰ってきたツバメの夫婦が、つくりあげた巣。

二つの巣の向い側の梁にも、巣の跡がある。これは古い巣。いくつもある。そのうちの一つは、何年か前、ヘビがやってきて、ヒナをおそい、巣を壊してしまった跡。

じいじと、その家のじいじが、巣を見あげて、声をひそめて話している。

「今年も、帰ってきましたな」

「やっぱり、帰ってきてくれました」

「たまごを、だいてますな」

「だいてます。何個かわかりまへんが……」

巣から、たまごをだくお母さんツバメの頭がときどきのぞく。えさをついばんでもどってくるのは、お父さんツバメ。じいじ二人は、子どもの頃のように、心をはずませている。

「どこまで探しに行くんか、なかなかもどってきませんな」

「えさが少なくなってるんで、ヒナが生まれたら、たいへんやと思いまっせ」

じいじが子どもの頃、村に帰ってきたツバメたちが飛び交いながら、田んぼや土道から泥をはこんで巣をつくっていた。村は六十軒あまりだったが、家の玄関、納屋、軒下などに、ツバメの巣は二十ほどはあった。

十日ほどで巣はできあがる。泥に枯草をまぜて、巣がくずれ落ちないように補強する。巣ができあがると、その中に枯草や羽毛をたっぷり敷いて、四個から七個のたまごを産む。

しかし、そのツバメの巣は、まちがいなく年々減っていった。

ツバメのえさは虫。たとえば、ハナアブ、キンバエ、イエバエ、ショウジョウバエ、アブ、マルガタゴミムシ、ゾウビムシ、ハンミョウ、ハムシ、カメムシ、ウンカ、ガカンボ、ヨコバイ、トビムシ、ゴミムシ、子守(こもり)グモ、赤トンボ……。田や畑の害虫を食べてくれるというので、ツバメは益鳥のナンバーワンだった。

しかし、農薬が散布され出して、ツバメのえさになっていた虫たちは、あっという間にいなくなった。

ツバメは、じぶんが生きていくだけの食べものすら確保できず、だから、大切な子育てさえ、あきらめなければならなかったのだろ

う。ツバメの巣は、年々減りつづけて、ついに去年、一つになってしまった。

日本野鳥の会の川瀬浩（かわせひろし）さんが、こんなことをおっしゃっている。

野鳥は自然環境のバロメーターといわれている。自然界の生態系をピラミッドにたとえると、ピラミッドの底辺が植物で、それを食べる昆虫や草食動物がおり、さらにこれらを食べる野鳥や肉食動物がおって、自然界は成り立っている。弱肉強食の関係で、野鳥が頂点の方に位置することから、底辺の植物界がだめになると、順々にくり上って野鳥もだめになる。逆にいえば、野鳥を観察しておれば、底辺の植物界に代表される自然の健康状態もわかるようになる……

（『奈良の野鳥ものがたり―今、自然におきていること―』トンボ出版／二〇一三年）

ツバメが帰ってこない、からっぽの巣。その巣を壊さず、何年もまちつづける人たち。春、桜前線とともに、数千キロもの遠くから渡ってくるツバメたちの姿を、今年こそは、今年こそは、とまちつづけた人たちをじいじは知っている。

親ツバメと子ツバメが、巣をはなれていく前、家の上空をなんどもなんども飛び回って来年帰ってくる家を親子で確認していた姿が、目にやきついていると言う。

しかし、ツバメたちは帰ってきても、そこでは生きてゆけないことを知って、どこか遠くへ巣を移してしまったのだろうか。そうとすれば、なんとも悲しく、さびしいことだ。

「ヒナが、誕生したようでしてな……」

巣からのぞくヒナたちは、大きな口をあけ、やかましく鳴きながら、親にえさをねだっている。どんなに大声で鳴いてもいいぞ。もう何年も前から、家に入ってきて、おまえたちをねらうヘビもおらんようになった。となりのじいじは、

「ネズミもおらんようになった。天井うらをはしりまわる音が、このごろちっともせん」と言ってる。

巣の下に、新聞紙がひろげられていた。

ヒナたちのふんを受けるためだ。

「来年、また帰ってきてくれますやろか」

「さあ……」

村の、たった一つのツバメの巣。

何年も前のことになったなあ。電線に押しあいへしあい、ズラリと並んで、南へ帰る日をまっていたツバメたちの姿を、もう見ることもない。

渡りのために、大群をつくって空を舞っていたそんな光景も、なくなった。

二十四節気の十五番目は〝白露（はくろ）〟。その末候四十五候は、〝玄鳥去（つばめさる）〟だ。九月の下旬、南へもどっていくツバメたちよ、また、この日本へ、そしておまえが生まれ育った村へ、納屋の巣へ、もどっておいで。忘れずに……。

地球から聞こえる声

北海道旭山動物園の、冬の風物詩〝ペンギンの散歩〟は、今年も雪をかき集めて行わなければならないのだろうか。

君が小さい頃、テレビから流れる映像を見て、手をたたいてよろこんだあの風景は、実は、雪をあちこちからかき集めて行われていたのだ。園長だった小菅正夫さんが津川雅彦さんと対談された『親が子に伝えたい「環境」の授業　命はつながっている』（角川書店／平成二十一年）の中で、「十年前だったら、そんな心配はなかったけれど、それからこっち雪が早くとけてしまうので、雪集めが大変。それも、地球温暖化のせいだ。二十年前は、四月の開園日に雪がとけなくて大変だったし、四十年前は、真冬日が三カ月もつづいた」と。

平成二十二（二〇一〇）年に出版された一冊の写真集がある。そこに収められている写真の一つひとつは、いのちをきびしく問いかけるものばかりだ。

写真集のタイトルは『地球の声がきこえる―生物多様性の危機をさけぶ動物たち―』（講

談社刊)。生物ジャーナリストである藤原幸一さんが、地球上のあちこちに生きる動物たちを撮影したものだ。視点は、環境破壊や人間との共存で苦悩する野生動物たちの姿。「北極からシロクマが消える日」「十万頭のアザラシの赤ちゃんが溺死している」など、現在進行している地球上の生態系の危機が伝わってくる。この写真集を、君に貸してあげる。しっかりと、君もこの写真集を正面から見つめてほしいと思う。

地球規模で生じる温暖化にたいして生物は、〝変化に耐える〟〝その場で進化する〟〝生息できる場所へ移動する〟のいずれかに対応できなければ、絶滅してしまうと言われている。急速な温度上昇では、まず対応できない。そのことが、今起こっているのだ。

〝佐渡トキ保護センター〟で、キンと名づけられた一羽のメスのトキが、いのち終えたのは平成十五(二〇〇三)年十月。学名/ニッポニア・ニッポン。日本で生まれ、日本の大地でいのち伝えてつづけきた日本産のトキが絶滅した瞬間だった。昭和四十二(一九六七)年の夏、佐渡・真野町の水田に迷いこんで来た幼鳥のトキに、愛鳥家だった地元の宇治金太郎さんが保護観察員としてえさを与えていた。翌年三月、国の人工飼育の方針にもとづいて、宇治さんがトキを捕獲、キンと名づけて保護センターで人工飼育されることになった。それから三十六年、人間でいえば百歳ぐらいと推定されるキンは、自分のいのちを次代へ伝えることなく、ひっそりとうずくまったまま、息たえた。

羽毛の美しさに乱獲がくりかえされて激減、それに加えて、農薬などの散布で、トキが食べものとしていた生きものが少なくなって、数がへりつづけ、絶滅へとつながった。温暖化とは直接関係はないかも知れないが、しかし、まさしく人間の手が、トキを絶滅に追いやったのはま

ちがいない。

ヘビを見ると、ほっとする。カエルを見ると、ほっとする。イナゴやバッタを見ると、ほっとする。

この地球上の生きとし生けるもののいのちは、すべてひとつながりである。

地球というものを一つの大きな織りものとするならば、タテ糸かヨコ糸の一本にしかすぎない人間の、おごり、たかぶりが、今、かけがえのない織りもののほころびをつくりだしていることに、気づかなければならない。ほころびを、もうこれ以上、大きくしてはならないのだ。

日本で『レッドデータブック』が出されたのは平成三（一九九一）年。絶滅の恐れのある種のリストを作成し、その生息状況をとりまとめた。そのときは動物版のみだったが、平成七（一九九五）年からは動植物すべてを対象に、改訂作業が行われている。現在ではほとんどの都道府県レベルで、レッドデータブックが作成されているはずだ。そのレッドデータブックを、もうこれ以上、ぶ厚くしてはならないのだ。

虹

まど・みちお

ほんとうは
こんな　汚れた空に
出て下さるはずなど　ないのだった

もしも　ここに
汚した　ちょうほんにんの
人間だけしか住んでいないのだったら

でも　ここには
何も知らない　ほかの生き物たちが
なんちょう　なんおく　暮らしている

どうして　こんなに汚れたのだろうと
いぶかしげに
自分たちの空を　見あげながら

そのあどけない目を
ほんの少しでもくもらせたくないために
ただそれだけのために
虹は　出て下さっているのだ
あんなにひっそりと　きょうも

写真集を出した藤原幸一さんは、

「僕たち人間は地球で生きている生物の一種にしかすぎません。地球を思うがままに支配していけるはずもありません。われ

われは、生物多様性の中で生かされていることを忘れてはいけないでしょう。（略）生き物たちから聞こえてくる〝地球の声〟に、しばし耳を傾けていただけたら幸です」

とおっしゃっている。

〝地球の声〟を、しっかりと、心で聞こう。

いや、聞かねばならん。

うん、聞かねばならん、心で。

第四章

”後生の一大事“を、

まっ白な骨が語りかけ、

指さす「終活」の二文字。

託す（たく）

昨日のことだ。

村の旧家の、八十七歳になる当主からじいじのところに、電話がかかってきた。

「歩いて知らせに行こうと思うたんですが、ちと、足が痛うなりましたんで、電話にて失礼……」

めったに電話なんてかけてこない人だったから、びっくりして、なんの用かと思ったら、

「リュウゼツランの花が咲きそうなので、見にきませんか」というお誘いだ。

「リュウゼツランって、なんですか」

「先代が植えておいたんだと思うんですが、とつぜん花の茎が伸びだしましてな。ほれ、屋敷の庭の、葉っぱの先がとんがって、縁（ふち）にトゲがいっぱいついていた……」

「ああ、もう切ってしまいたい、とおっしゃってた」

「そうです。十枚あまりの、トゲトゲの葉っぱをひろげたその中心から、とつぜん花の茎

が、にょきにょきと伸び出しましてな。五月頃から一日に十センチちかくも伸びてるようで、いまは八メートルにもなっています」

じいじも、トゲトゲの大きな固い葉っぱをひろげているそれは、知っていた。が、名前は知らなんだ。リュウゼツラン（龍舌蘭）という名も、はじめて知った。葉っぱが龍の舌に似ていることからの命名らしい。

それを植えた先代は、もういらっしゃらない。八十七歳の現当主は、その息子さんだ。

「リュウゼツランというのは、七十

年か百年に一度花を咲かせ、実を結んだら、枯れてしまうそうです」

ゆっくりゆっくりいのちを育み、だれに見せようとするでなく、たったいちど花を咲かせ、いのち終える。

じいじは、ササ（笹）を思いだした。ササも、三十年か四十年の周期で花を咲かせ、花が咲くと枯れてしまうそうだ。子どもの頃、じいじはササの花を一度見たことがある。花が咲いて、そのあと、米のような実をつけていたのを思いだす。昔は、そのササの実を貯蔵しておいて、飢饉などに備えたという。そういえば、じいじが子どもの頃、村をとりまくようにササが植えられていたし、家々の庭にも見られた。花を咲かせたササは、上の部分は枯れるが、生きた根がすこし残って、それがまた再生するそうだ。自然界のいのちの営みって、すごいなあ。

リュウゼツランを植えた先代は、いつも小さな子どもたちをつかまえて、

「大きうなったら、なにになるんや。言うてみい」

が口ぐせだったそうだ。子どもたちは、

「兵隊さんになるんや。大将になるんや」

と答えた。

「ほかにはー」

「ない」

「ないことはなかろう。この次までに、しっかりと考えとけ」

今から思うと、先代は、兵隊さんになるという子どもたちの唯一の目標を、なんとなく危なっかしく感じていらしたのかも知れない。

でもその頃、男の子の夢は、兵隊さんしかなかったように思う。

学校では、紅白の旗を両手にもち、手旗信号を教えられた。防空ずきんをかぶり、足にゲートルをまいて登校した。女性は、もんぺ姿だった。大人たちは、村の中の広場で、竹やりの訓練をいつも行っていた。夜になると、そとに電燈の明かりがもれないように、黒い紙を筒のようにしてはだか電球をおおった。灯火管制だ。艦載機の機銃掃射にも遭った。田んぼに飛びこんで逃げた。基地に帰る爆撃機が捨てた爆弾で、友達が死んだ。日の丸の旗を振って、出征する兵隊さんを見送った。いくつもの小さな箱が、白い布につつまれて村へもどってきた。戦死したお父さんの箱をだいて、友達とお母さんは声をころして泣いていた。

名誉なことだと言われて、だから泣き顔は皆んなに見せられなかったのだ。箱の中で、カラカラと音がした。中には骨でなく、「石が入ってるんだ」と、だれかが言った。

そんな日常生活の中で、だからこそ子どもたちの夢は、目標はあたりまえのように「大きくなったら、兵隊さん……」であった。

リュウゼツランを植えたその時、先代は、何を見つめ、何を考えておられたのだろう。七十年、いや、百年先にしか咲かない花に、何を、重ね合わせていらしたのだろう。

君は、どう思う……。

自分が生きている間に、その花を見ることはできなくとも、いのちの長い流れの中で、たった一回花を見せるリュウゼツラン。その時、村はどうなっているのだろうか、日本はどうなっているのだろうか、みんなの心の中に、どんな夢が、希望の花が咲いているのだろうか。きっとそんなことを考えながら、植えつけられたリュウゼツランであったのだろう。

じいじと当主のあいだに、ふと、黄色い蝶がまぎれこんできた。ひらひらと、飛んでいる。いまを生きて、飛んでいる。いのちを伝えようとして飛んでいる。

「花は、まだ少しさきのようです。ひこばえを植えますか。さしあげますが……」

うん、七十年、百年先は、まちがいなくじいじはいないが、美しく平和な村の夢を、日本の夢をリュウゼツランに託してみようか。

旧家の先代のように……。

おおきに、おおきに

じいじのおばあちゃんが亡くなった日のことを、思い出して書いてみる。じいじのおばあちゃんだから、ずっとずっと何十年も前のことだ。

その日、お父さんとお母さんは、今日がさいごかも知れないおばあちゃんの、すぐそばにすわっていた。じいじは、まだ小学生だった。弟も妹もいた。皆んなおばあちゃんの寝ているふとんを、とりかこんでいた。

縁側のむこうに、小さな庭があった。南からの木もれ陽がある、小さな庭だった。

お父さんとお母さんは、代わる代わるおばあちゃんの顔をのぞきこみ、じっと見つめ、じいじとすぐ下の弟は、おばあちゃんの手を、しっかりとにぎりしめていた。

庭の木の枝のしげみで、チチチ……と鳴く小鳥の声が、部屋の静けさをやぶったが、すぐに静寂がもどって、おばあちゃんの吸う息、吐く息の音だけが、静かに聞こえていた。

おばあちゃんが寝こんだのは、二月の終わり頃。八十歳まで病気らしい病気をしたことがなかったそうだ。じいじのお父さんをふくめて、五人の子どもを育てた。おじいちゃんは早くに亡くなっていたから、女手一つでの子育ては、たいへんだったにちがいない。

寒い二月のある日、となりの町へ用事で出かけた帰り、みぞれまじりの雨にぬれて風邪をひいた。

風邪が長びいて四月になり、毎日、となりの町の坂本医院から、先生が往診に来られた。

庭には、ユスラウメ（梅桃）の木があって、三月の下旬に咲きだした花が、まっ盛りだった。白い小さな五弁の花は、サクラのように華（はな）やかさはなく、目立つ花のかげでひっそりと咲いていた。ユスラウメが存在を発揮するのは、田植の頃。小粒の果実がまっ赤に熟し、実はあまく、採っても採ってもへらないほど鈴なりになった。おばあちゃんが、孫のよろこぶ顔が見たいから、と植えてくれたユスラウメだった。

「おばあちゃんの手が、冷（つめ）とうなってきたよ……」

弟が小さな声で言った。じいじも、そう感じた。

「おばあちゃんが、何か言うたはる」

お父さんが、おばあちゃんの口のそばへ耳をもっていった。皆んなおばあちゃんの口もとを見つめた。口が、かすかにかすかに動いている。

お父さんが顔をあげて言った。

「おおきに、おおきに、言うてはる」

お母さんがそれを聞いて、はっとしたように、

「こっちこそ、おおきに。えろうお世話になりました。ほんまに、おおきに」

と、おばあちゃんのほっぺたを両の手でつつみこむようにした。お父さんが言った。

「皆んなで、おばあちゃんに、

おおきに、と言おう……」

おばあちゃんとの思い出は、いっぱいじいじのからだの中に、つまっていた。

じいじたちは、口ぐちに、「おおきに」「おおきに」「おおきに」と言った。

お父さんが、

「ナンマンダブ、ナンマンダブ言うてはる」と言った。

それを聞いてみんなは、声をそろえて、「ナンマンダブ、ナンマンダブ」と言った。

お父さんが、じっとおばあちゃんの顔を見ていた。顔の色が、だんだん白くなっていった。

それまでほんのりと桃色がかっていた顔が、だんだんと白く、青ざめていった。皆んな、涙をぽろぽろこぼした。

いつ、息がとだえたのか、わからなかった。

「坂本先生に連絡して、きてもらお」

陽がかげりはじめた庭にお母さんがおりて、おばあちゃんの好きだったヒトリシズカを一本切りとって、部屋にもどってくると一輪ざしに生けた。つやつやした四枚の葉の中から、一本の白い花の穂が立ち上がっている。ひっそりと咲くヒトリシズカは、おばあちゃんのほんとうに好きな花だったそうだ。花の風情とともに、そのヒトリシズカという名まえも。

じいじは、人の死にはじめて出会ったその時、なにを考えていたのだろう。

あたたかな手が、冷たくなっていく。にぎりあっていた手の指が、力なくほどけてゆく。かすかに上下していた胸が、動かなくなる。息が、とまる。顔の表情が、そして顔の色が……。そのとき、じいじはこの目で、この手で、一つのいのちの終わりを、死を感じていた。

そして、いのちの終わりの厳粛な時間を、家族で共有していた。その時のことが、じいじの、いのちを考える原点となっている。

しかし今、君たちはそんな場面に出会うことはほとんどない、と断言してもいい。だがそのことは、君たちにとって、ひょっとするとふしあわせなことなのかも知れない。

今、じいじは、夢みたいなことを考えている。君に、手をにぎってもらって、声かけてもらって、さいごに、「おおきに」と言って死んでいく、そんな死を迎えたいなあ、と……。

死を迎えるその時、そばに居るのがお医者さんと看護師さんだけというのは、いやだな、ほんと。

病院のベッドの上でなく、じいじが今まですごした奥の部屋で、死を迎えられたらなあ、

く古い部屋だが、タタミの目がすりきれた暗と思う。それがいい。

詩人や歌人だけでなく多くのジャンルで活躍した寺山修司（一九三五〜一九八三）さんが、『両手いっぱいの言葉』（新潮社）のなかにこう記している。

「なみだは、にんげんがもっているいちばん透明な宝石です」と。

悲しみに出会い、そんな美しい涙の流せる人って、ほんとにすばらしいなあ、と思う。

一つの死について

そういえば、近所の木村さんのところで飼われていた犬のハナちゃんが、寒い冬を越すことができず、死んでしまったと聞いた。ずいぶんと長生きで、目はほとんど見えなかったようだし、耳も聞こえなかったし、足元もあやしかった。散歩に連れてもらっても、すこし歩くと立ちどまり、時にはすわり、それでも少しの距離を必死で歩きつづけていたそうだ。犬は本能的に、自分の弱った姿を見せないそうだ。弱った姿を見せれば、他の動物たちから襲われる。それは死につながるからだ。

「朝起きたら、冷たく、かたくなって、口からちょっと舌をだして……」と、小学五年生の智くんが泣きながらそう言った。

新生児医療の専門医である加部一彦先生が、NICU（新生児特定集中治療室）で、生まれてきた赤ちゃんの姿に接しているとき、いちばん何を感じたかについて、こうおっしゃっている。

「医療現場にいて、普通の人が実感できないものを実感できるとすれば、おそらくそれは実際の感覚としての〝いのち〟をイメージできることじゃないかと思います。僕にとって〝いのち〟を実感するのは、心臓の鼓動よりも、むしろ体温なんです。確かに心臓が止まると死んだってことになるけど、体の温もりにこそ、〝いのち〟そのものを強く感じますね。……体ってすごく温かい。生きてるかぎり、温かい。だけど、それが急速に、あっという間に冷たくなる。その冷たくなる感覚が、自分の手の中から〝いのち〟がすり抜けて、どこかに流れ出ていくというか、溶け出していくというか……。そう、本当に〝いのち〟というのは、ものすごくはかないものだと思います」

（『いのちとは何か？「いのち」と向かい合う現場』宝島社）

ふと思いだした。夏の終わり、セミがコロンと仰向けになって死んでいる姿を。セミは、なぜ、死ぬときコロンと仰向けになるんだろう。セミは死ぬ瞬間、あの目で何を見ていたのだろう。頭の両側の複眼でなにを見、複眼の間にある三つの赤い単眼で何を見ていたのか。

地上に出て、わずか七日から十日、突然やってきた死。地上に落ちるその短い間に、なにを見、なにを映していたのか。

死んだセミは、アリたちによって、こまかい土や砂で体をおおわれ、二日もしないうちに、かげもかたちもなくなってしまう。あんなに繁(しげ)く鳴いていたいのちが、そこにあったなんておもえないくらいに。

イトトンボより細く、つまめばつぶれそうな弱々しい虫がいる。美しい透明なはねをせなかに立てて、それで飛ぶ。カゲロウ(蜉蝣)と言う。羽化して、たまごを産むと、数時間でいのちを終える。儚(はかな)いいのちのたとえとして、その名がつかわれる。

いのちについて、この短い手紙で、君に語りつくそうとは思わない。

これから、君は、いろんな「いのち」の現場に出会うだろう。君が小さい時、「じいじも、死ぬの」と聞いてきたことがあった。「じいじも、死ぬよ」と答えたその時の、君の悲しそうな表情が忘れられない。じいじはあわてて「そのうち、いつか、ずっと先(さき)で」と答えなおした。

「ずっと先で、死ぬの」と君はまた問いかえした。「心配いらないよ、ずっとずっと先だ」。あいまいな答えが、君を納得させたとは思わない。

今、まだ、じいじは生きている。

しかし、じいじの死は、もうそんなにずっと先ではない。君も、「じいじも、死ぬの」と聞いたあの時よりは大きくなったし、いろんなことに出会ってきた。だから「いのち」は、有限であるということはわかるだろう。この地球上に生まれてきた生きとし生けるもののいのちは、まちがいなく終わる。

しかし、じいじもそうだが、つまるところ「いのち」の議論なんて、「いのち」の問題がすぐそばで起こらないかぎり、それは他人(ひと)ごとにすぎない。

人の死の判定は、呼吸が停止し、心

臓の拍動が停止し、瞳孔が散大するという三つの徴候をもって認定される。からだはしだいに冷たくなっていく。

そして、これは大切なことなのだが、君もこれから、ひょっとしたら出会うかも知れないもう一つの、「死」の判定を、心にとどめておいてほしいのだ。臓器提供を前提とした「脳死」の問題だ。だからこそ、じいじは、君と臓器移植のことも、脳死のことも、しっかりと話し合っておかなければならない、と思っている。

脳死は人の死である。科学的に、医学的にそれはまちがいのない事実だが、じいじはその時、脳死状態の一人の人間の、まだあたたかな体のことを、いのちのことを思ってしまうのだ。ずっと、じいじの中で、「いのち」の整理ができないのだ。雑な言葉で言えば、割り切れないのだ。

臓器移植によって、「いのち」がリレーされていく。言葉としてはよくわかる。じいじは、今、その「いのち」の現場に立っていないから、なんとも言えないのだが、「いのち」は有限であるというその一点から、じいじは、頭の、そして心の整理をしてみたいと考えている。

ずっとずっと昔から、変わることなく存在しつづけてきた「いのち」「死」に対して、これからを生きる君に課せられたのは、素直で純粋な、心と目ではないだろうかと思う。

いつ、どこで、どのようにしていのち終わるかも知れないけれど、「じいじも、死ぬよ」。まちがいなく。

清太はんのうしろ姿

「え！　上田のおじいちゃん、亡くならはったんか。九十三歳…。で、お葬式は家族葬。はあ、やっぱりなあ。家の人たちと、近しい人たちだけで、ということですなあ。ほんまに、さびしいなあ」

八十歳に近い清太はんが、ひとり言のようにつぶやいた。そして、若い頃のことを、思い出し思い出ししながら言うのだ。

「昔は、いのちの終わりが近づいたらな、家族のもんは、大きな声で名前を呼び、お米を入れた竹の筒を、耳のそばではげしく振ったんやて。死んでいく人を、死んだらあかんと呼びもどすんやて。……息ひきとったんがわかると、家族のもんは家のそとへ臨時のかまどをつくる。枕飯用のごはんを炊くためや。玄米でお茶碗一杯山もりの分だけ。…村の総代さんへ連絡がいく。総代さんはすぐに、亡くなった家の一部屋を帳場にあてて、その時点から葬儀のすべてを取り仕切る。お寺へ連絡が走る。親類や、葬儀社へも連絡が走る。通夜と葬儀の日どりが決まったら、総代さんは家々へ召集をかける。家からかならず一人、近しい家からは二人、お手伝いに出るのが決まり。野辺送りの道具づくりをする人や、坐棺をおさめる穴をほるため墓地へ向かう人、食事を取り仕切る人、持ち寄った米や、野菜やお金を受けとる香典係、遠来の弔問客を迎え、食事や休けいしてもらう場所を、村の何軒かの旧家に提供してもらう交渉係、そして、お寺さんの休けい所もその係が。……亡くなった人が寝かされている仏間のすぐそばで、家の建具をはずし、たんすなどを納屋へ運びだして、葬儀場の準備をする人。段取りと手配は、帳場の総代さんの腕の見せどころやったなあ。葬式は、家から棺がでる前にお寺さんのおつとめがあって、それが終わって葬列が墓地へ向かう。墓地に近づいたら、お念仏の声。墓地には、阿弥陀如来さんがおまつりされた建物があって、その中には焼き場がつくられていた。その前の石の台に棺を置いて、お別れのおつとめがはじまる。導師のお坊さんは、曲彔にすわって、それはそれはおごそかなもんやった……」

清太はんが言うように、お葬式は村をあげての共同作業であった。

家があり、村があり、人はそこに属し、喜びも悲しみもともにしてきた。死は、村人にとっての大きなできごとであったし、悲しみであった。だからそのために、村の人びとは惜しむことなく労力を提供した。手伝うのが当たり前だった。地域社会のつながりを守ろうとすれば、どんなに忙しくとも、参加し、その中で、悲しみもつらさも痛みも共有したのだ。

しかし、皆んなして死者を送るという、昔なら当たり前だったことがいつの頃からか、村の人びとの手を離れてしまった。いや、離したといってもいいかもしれない。ものや労力を人びとはお金に換算し、ご仏前やご香料にすりかえ、すべてを葬祭業者にまかせてしまった。

湯かん、納棺といった家族が心をこめた手厚い作業も、無関係な人たちの手に委ね

られてしまった。

葬儀の式場も、家から離れた。村からも離れ、バスが送迎するほど遠くなった。

「セレモニーホールでするようになって、楽になった。気がねせんでええようになった……」と家の人達は言う。楽になった分、大切なものが失われ壊れていったと思う。

最近、通夜も葬儀もなしに、そのまま火葬場へ送る〝直葬〟も現れた。火葬したあとのお骨を引きとらない〝0葬〟とか、海や山などにお骨をまく〝自然葬〟だとか、樹木を墓標に自然の中でねむり自然に還る〝樹木葬〟とかが聞こえてくる。

「弔う」という方法は、世の中にいろいろな型、姿があっていいのだ、という声も聞く。

作家の椎名誠さんは、エッセイ集『ぼくがいま、死について思うこと』（新潮社／二〇一三年）の中で、旅をし、見聞きした〝死と弔い〟について書いておられ、その中で、チベットの〝鳥葬〟、モンゴルの〝風葬〟、ネパールとインドの〝水葬〟などが語られている。

『これからの死に方／葬送はどこまで自由か』（橳嶋次郎著／平凡社新書／二〇一六年）の中に、スウェーデンの〝遺体を液体窒素で冷凍し、振動させて解体し、それを乾燥させてきれいな粉にし、土に埋め自然にかえす〟という方法を紹介し、「私もその〝フリーズドライ葬〟

にしてほしい……」と著者は記している。

「……葬法の選択肢の一つとして」と。

これからも、次から次へと新しい型での葬儀が登場するかも知れない。

清太はんは、こう言った。

「最近の年寄りは、皆んな家に引っこんで、昔のように毎日出会うということがなくなってしまいましたなあ。お寺参りか、老人会ぐらいが出会える唯一の場やが、それもその日の体の調子によって、どうなるやらわからんしなあ。せやから、みんな疎遠になって、ある日突然悲しいできごとが、知らされる。地縁の崩壊でっせ。葬式も、あれあかん、これにせんとあかんて、方法

ばっかり言うてたら、ほんま、大切なもんを、まちがいまっせ。

ころっと話がかわりますけど、葬式は、考えてみたら残されたもんの側のことですわなあ。葬式のことを、生きてる時にごじゃごじゃ言うのもけっこうですけど、ほんまは死んでいくわが身の往生のこと、後生の一大事の解決、しっかりせんかったら、あかんのとちがいまっか。……よけいなことぶつくさ言うてすんまへん。ほんなら、とりあえずお悔やみに行ってきまっさ」

清太はんのうしろ姿、じいじにはえろう輝いて見えた。

まっ白な、骨

村上志染（しせん）

方向

にごれる水辺
方一尺の天地
水馬（みずすまし）しきりに円を描ける
「汝、いずこより来たり、いずこに旅せんとするぞ」
「ヘイ、忙しおましてなァ」

（『愛農新聞』家庭欄／昭和三十一年二月）

シーンとした、静かな空気をやぶって、「ガラガラ」と、音がした。
炉（ろ）のとびらが開き、収骨台（しゅうこつだい）が出てきた。二時間前までは、たしかにそこには棺（ひつぎ）があり、花にかこまれた遺体が入っていた。

強い火に焼かれたのだろう。そこには、骨格の原型をとどめぬ、散らばった骨があった。そしてそれは、目にまぶしいほどの、白さだった。

君は、聞いただろう。

集まった二十人あまりの、大人たちの口からこぼれる、

「ナンマンダブ、ナンマンダブ……」

というお念仏の声を。じいじも、そのなかの一人だった。

君と同じくらいの子どもたちは、そのお念仏の声を聞きながら、どうすればいいのか、すこしとまどったように、大人の顔を見あげていた。

親戚（しんせき）のおじいさんが、亡くなった。暑い日の、お葬式だったなあ。

親戚といったって、日頃はほとんど顔を合わせることもない。大人たちがそうだから、君たちは、なおさらだ。はじめ

て出会う顔ばかりだったろう。

一つのいのちが、おわる。そのいのちに、ゆかりのある者たちが、集まる。集まって、とりとめもなく、じぶんの知るかぎりの思い出を、語る。

一人ひとりが語るその思い出の断片がつながって、いのちおわった一人の人間の、生きてきた人生絵図が構築(こうちく)されていく。

「熱いから、気をつけてくださいよ」、係の人の声がする。

職業的だ。あまり感情がない。あたり前だ。一人ひとりの死に、白骨に、感情移入していてはたまらないだろう。

「……これが、のどぼとけです。これが、肋骨(ろっこつ)です。これが、うでのところ。さあ、どうぞお骨を、拾(ひろ)ってあげてください」

生きている者すべて、だれだって、じぶんの白骨となった姿を、見ることはできない。

しかし、必ずいのち終わり、この、まっ白な骨となる。

今、目の前にある、まだすこしあたたかいこの骨を見て、じいじは、じぶんのいのちを重ねあわせる。そして、君に言う、説教くさく。

「めぐまれたいのちの重さを、しっかりと、考えるのだぞ……」と。

そうは言っても、子どもの君には実感はないだろうし、まもなくいのち終わる、じいじさえ、悲しいかな、すぐにこのまっ白な骨になるなんて思えない。ましていわんや君においてをや、だ。


ことのついでに言うような、話ではないかもしれない。

ある大学の著名な先生が、亡くなられた。その収骨の時のある風景を、じいじは忘れることができない。恩師の薫陶（くんとう）をうけた人たちが、たくさん収骨の場におられた。その中には、恩師とおなじ道を歩む、T先生の姿もあった。

収骨は身内の人たちが、粛々（しゅくしゅく）と行っていた。それを見守っておられたT先生が、すっと、収骨台にちかづいて、台の上にあった恩師の小さな骨のかけらを手にとり、じっと見つめていらしたが、つぎの瞬間、「カリカリ」と音がした。

お念仏の声の中なので、「カリカリ」という音には、だれも気づかなかった。しかし、じいじは、はっきりと、その音を聞いた。口の中が、じゃりじゃりするのか、T先生は、口をもぐもぐされていた。目があっても、そ知らぬふりだった。

「先生と、いつまでも、いっしょにいたい」、恩師として、こんなにもしたわれていた一人の人間がいた、ということに、じいじはなみだが出そうだった。

まっ白な骨は、ただ単なる骨ではない。その骨には、その人間の生きてきた人生のすべてが、深く刻まれているにちがいない。思い出が、刻まれているにちがいない。

「もう、こねんなったらしまいやね。むなしいもんや」

親戚の一人が、ぼそっとつぶやく。それを聞いて、じいじは思う。「こねんなったらしまいやね」で終わるのではなしに、一人の人間が、いのちをかけて、私になにを語りかけ、どこを指さしてくれているのかを、聞きとらなければならない。

そうでなかったら、「あんなええ人が、こんな小さな骨つぼにはいらはって、もう、なんにも言うてくれはらへんし、さびしいこっちゃ」で、終わってしまう。

収骨のとき、まっ白な骨を前に、大人たちが、「ナンマンダブ、ナンマンダブ……」と、お念仏をとなえてはった。その声と、姿を、しっかりと君は、君自身の目に、耳に刻んでおくことだ。

うん、その姿と声が、いつか、君の心をゆさぶる日がくる。

まちがいなしにくる。

ナマンダブツにつつまれた、君の姿が、じいじには、はっきりと見える。

うん、うれしいな。ありがたいなあ。

第五章

せっかく出てきた「娑婆（しゃば）」。
苦しんで苦しんで、
切なく生きるのが、ほんまやろ。

並んで夜空を眺めよう

朝の四時十五分。くぐり戸を開けて、外へ出る。犬のシロとの、朝の散歩の時間だ。

君は、いつも笑う。「そんなに早く、ねむいのに、どうしてシロの散歩に行くの」と。

こたえは簡単だ。「シロが待っているから」。

一年中、朝の散歩はこの時間、と決まっている。じいじが家にいる時は、必ずだ。大雨いがいはかならずだ。犬を飼っていない人は、なぜそこまで、と顔をしかめる。

「さあ、行くぞ」

並んで歩く。これまでは、シロがじいじを引っぱるように歩いた。しかしこの頃は、並んで歩く。シロもとしをとったが、いくら引っぱってもゆっくりしか歩けないじいじのことが、わかってきたから。

ふと気がつく。道にうつるシロとじいじのかげが濃い。そういえば、テレビや新聞が報じていたなあ。「九月二十七日（旧暦八月十五日）は仲秋（ちゅうしゅう）の名月。そして二十八日は、今年最大のスーパームーンが見られそうだ」と。

二十八日といえば今日だ。だとすると、いま出ている満月がスーパームーンなのか。地球からもっとも遠ざかった、今年の三月六日の満月と比較すると、今日の満月は一・一四倍もあるという。

へえ、そうなのかあ。今、西の空にかたむいた満月を見ている。少し雲がかかっていたが、すぐにとれて一点のくもりもない満月だ。スーパームーンと言われても、ふだん、めったに月など見たことのないじいじにとって、あんまり実感がわかない。振り返って東の空を見ると、ひときわ大きく明けの明星が輝いている。金星だ。何か、はじめて見るように美しい。

じいじが小さい頃、ちょうど今の時期、お母さんが縁側にお供えものを並べていたのを、かすかにおぼえている。今から思えば、お膳におだんごや里いもを供え、野原で切ってきたススキを生けていた。月を正面に、そんなお供えものの飾りつけをしているお母さんの姿が思いだされる。

月と言えば仲秋の名月。俳句の本なんかを見ると、日本人はいかに月を愛でていたのかがわかる。

旧暦七月十五日の月を「盆の月」と名づけた。名月の一カ月前の月だ。月の満ち欠けは新月（三日月）からはじまり、上弦、十三夜とつづき、名月の前の日の八月十四日は「待宵月（小望月）」、八月十五日は「名月（満月、望月、十五夜）」、この夜、月の光で針に糸を通すことができれば、裁縫が上達する、と言われたとか。そんな風情も、とうの昔になくなった。

名月の翌日から「十六夜」「立待月（十七夜）」「居待月（座待月）」「寝待月（臥待月）」「更待月」とつ

づく。月の出は夜ごとにおそくなり、二十日以後には、十時をすぎないと月はあがらない。月があがってくるまでの間の闇を「宵闇（よいやみ）」と呼んだ。

一日一日の月の満ち欠けに名をつけて、月を愛でた、そんなワビもサビも風流さも、じいじには望んでもない世界だから、たしかにうらやましい。

満月に目をとられ、ふと気がつくと、耳に秋の草むらにすだく虫たちの声が、月にとどけとばかりに聞こえてくる。

エンマコオロギやツヅレサセ、マツムシやスズムシ、クツワムシにスイッチョ、どれがどれだかわからないが、皆んな、今を、鳴いている。やがて冬がくる。その前に、いのち伝えようと……。

シロが、はやくはやくと、せかす。

おまえにとって、名月も、虫たちの声も関係ないわなあ。

もし、月がなかったら、シロやじいじの、いや、君のいのちもこの地球上になかったかも知れないんだぞ。

月が誕生したのは、地球がほぼできあがった頃。火星ほどの大きさの原始惑星が地球にぶつかり、その両方から飛び散った物体が集まって固まったのが、月だといわれている。飛び散った物体が固まって、月になったのは、わずか時間にして一カ月ほどの間のことだという。月の存在が、地球にいのちを誕生させる大きなきっかけになったことは、まちがいない。その月は、最近の計測で、毎年三・八センチずつ遠ざかっているらしいことがわかった。つまり、月が誕生した頃は、もっと地球に近かったということだ。

昭和四十五（一九七〇）年、大阪万博が開かれ、アメリカ館にアポロ十二号が持ち帰った月の石が公開された。じいじも長時間並んで、それを見た。言葉にならない感動だった。

平成十九（二〇〇七）年、日本は月周回衛星「かぐや」を打ちあげ、二年近くにわたって月のさまざまな観測データを収集し、今そのナゾに迫っている。

月でウサギがおもちをついている、なんてお話も否定されて、夢がなくなってしまった。でも、まだ、ひょっとして月にいのちが、と考えてしまう。そうあればいい、という夢にしかすぎない。

君と一度、ゆっくりと夜の空を眺めてみたいと思う。じいじは、仲秋の名月の、あのたった一時間ほどだったが、忘れていた大切なことに気づかされた。人と人との心の通いあう日常のこととか、自然とのいのちのつながりとか……。

つぎの満月の夜、あたたかくして、じいじと並んで月を眺めよう。明けの明星を、しっかり見たことがあるか。美しいぞ、ほんと。

プーラン・プーラン

ねえ、君、地球上にどれくらいの生物がいると思う？　現在確認されているのは、およそ百七十五万種。もちろん、正確な数などわからない。未確認のものもふくめば、五百万〜三千万種と言われている。すごいねえ。

それらの生物が、いのちのつながりの中で、生かし生かされているんだ。もちろん人間だって、その中の一つの生物にすぎない。

じいじが子どもの頃は、テレビもエアコンもなかった。もちろん電気ガマ（炊飯器）も、温水器も。

冬の暖房は火鉢（ひばち）。火鉢に入っているのは炭。夏はうちわ。扇風機なんてなかった。夜は窓を開けはなって、蚊帳を吊（つ）ってもらい、その中でねむった。その頃は、今ほど暑くなかったように思う。

ゲーム機もなかった。だから、じいじたちの遊び相手は、林や野原、川、昆虫や魚たちだった。バッタを追いかけると、キチキチと羽音をたてて逃げた。キチキチバッタと呼んでいた。頭のむんぐりしているのはトノサマバッタ。つかまえる、というよりは、いっしょに遊んでいたという方が正しい。皆んな、水と空気と、季節ごとの花鳥風月と共に生き、くらしていた。

それがこのごろ、なんとなくおかしいと気づいているのは、じいじぐらいの年寄りたちだ。

「水が怒っている、空気が怒っている、自然が怒っている」と、子どもの頃から田んぼ一筋に生きてきた

農家のお年寄りが、口をひんまげている。

「プーラン・プーラン」という言葉に出会ったのはすこし前だ。インドネシア語で「ゆっくり、ゆっくり」という意味だそうだ。

藤田紘一郎（ふじたこういちろう）先生の著書『寄生虫博士のプーラン・プーラン』（青春出版社）が出版された時、仕事でお会いした。

先生の専門は、寄生虫学と熱帯医学。お会いしたその時、「明らかに行きすぎです」と、最近の日本人の清潔志向に怒っておられた。

その時の話だ。

最近の日本人にアトピーやぜんそくや、花粉症などのアレルギー病がふえているのは、日本人独特のきれい好きが原因だと。日本社会が、ひたすら無菌化をおし進めてきた結果出現したもので、ヒトと微生物との間の共生のバランスを破壊してしまい、日本人の免疫力の低下が起ってきた結果だ、と。

顔ダニって言葉を聞いたことがあるか？

顔の毛穴に住んでいるダニのことだそうだ。このダニは、ヒトの皮ふの脂肪の代謝にとって重要な役目をしており、このダニがいなくなったら、私たちの顔はナメクジのようにべたべたし、納豆のような顔になってしまうというのだ。だから私達にとって、この顔ダニは、なくてはならないもの。しかし、ダニと聞いて心おだやかな人はおるまい。

だが先生は、この顔ダニとの共生こそ、美しい肌にとって大切なのだ、と。

先生は、清潔文化が便器のウォシュレットを生みだしたことにもふれて「一日に何度もおしりを洗っていると、おしりの皮ふを守っている菌が流され、おしりの皮ふが中性になってしまう。その結果、ウンチの中にいるちょっとしたバイキンにすぐやられて、おしりが

痛くなってしまうのです」となげいておられた。

じいじが子どもの頃なんて、お便所は水洗ではなく、便器のずっと下にあるまっくらな空間の便つぼへ、ポチャンとウンチする方式だったし、おしりをふくのは、適当な大きさに切った新聞紙。かたい紙でふくものだから、おしりが痛く、いつもちょびっと汚れているようだったのを、おぼえている。

清潔文化の中心となった抗菌剤使用が、アトピーやぜんそく、花粉症をつくったというのが先生の主張で、免疫をつかさどる腸の中で共生していた大切な菌を死なせてしまった、とともに、体の中で共生していた回虫まで駆除してしまったことが、まちがいだった、と。

主張を証明するため先生は、ナオミちゃんや、キヨミちゃんと名づけたサナダムシを十五年間、六代にわたって腸のなかで飼育しつづけられたのだ。どう思う?

腸は有能な免疫器官だということは、最近になって免疫学の分野で言われている。腸内には五百種類以上、約百兆個の腸内細菌がいるといわれているし、腸管粘膜には約一兆個におよぶ免疫担当細胞が存在するそうだ。じいじが子どもの頃、まくり（海人草）やサントニンを飲まされて、回虫を体から追い出したことが良かったのか、悪かったのか。先生は、十メートルから二十メートルの長さのサナダムシとの共生実験で、回虫との共生こそがアレルギーを防ぐ、とおっしゃった。しかし、どこまで昔にもどれるかだ。

でも、いろんなやつと仲良くしなければ、ということだけは、しっかりとわかった。

人間いがいの動物たちは、目に見えないいろんなやつと、仲良くやってるんだろうな。

プーラン・プーランだ。

じいじの残り人生の十倍も、二十倍もこれから生きていく君だ。

ゆっくり、ゆっくり、目に見えない多くのものたちとも、仲良く仲良くが、今、どれほど大切なことなのかを、しっかりと考えてくれ。じいじは、君たちにすべてをまかせたいと思う。引きうけてくれるか。

あたたかなちゃぶ台

子どもの頃飢えていた。あの日の食事は、まっ白なお米が数えるほどしか混ざっていなかった、カボチャごはん。ひもじさを越え、飢えて飢えて、なんでも口にした。農家の納屋のすみっこにころがっていた、肥料の大豆カスを盗み食い、下痢をし、また飢えた。昔、飢饉で何も食べるものがなくなったその時のためにと、人は、あのまっ赤な彼岸花を植えたという。毒をもつあの球根を。

飽食のなかで、豊かさと引きかえに人は大切なものをうしなった。あふれかえった食べもののまえで、もう感じることができなくなった、いのちといのちとのしずかなこころのふるえが……。もう、そんな話をしても、おまえたちには通じない。

あの日、野びるをつむため、一年上のよしえちゃんと二人して、田のあぜみちにいた。いのちの香りのするたった一茎のそれを、そっと私にゆずってくれた、そのよしえちゃんが十日後に亡くなった。飢えて死んだのだ、私が死なせたのだと思った。「病気だったのよ」よしえちゃんのお母さんは哀しみをこらえて私にいった。夕日がしずむまっ赤な西の空の一点に、ほほえむよしえちゃんをみつけて、私の胸は、はりさけそうだった。
じぶんが生きるために、じぶんだけが生きのこるために、ああ……、たった一茎しかなかった、さいごの野びるを、うばったのだ、私は。まちがいなく。

（くさかせいじ『未刊詩集・いのち』）

戦争中の、食糧事情は最悪で、じいじはその頃小学生。さつまいもは大切な代用食の一つ。その茎も葉っぱも食べた。月に一回くらいは、米ぬかを水でねって、それを焼いてもらった。こうばしい香りはしたが、味はなんにもない。でもおなかはいっぱいになった。
はっきりと記憶にないが、たて二十五センチとよこ十五センチふかさ十センチくらいの木の箱を作って、箱の中の両側にブリキ板をはりつけ、外からねじくぎをさしこみ、そこへ電極をつなぐ。手製の電気パン焼き器のできあがりだ。箱の中へ水でねった小麦粉を入れ、ふたをして電気を通す。イースト菌を入れるとふっくらと焼けると言われたが、そんなものは手に入るはずもなく、いつも固いパンだった。小麦粉も配給で、パンを口にするのも、何日かに一回。ナンバ粉（トウモロコシの粉）のパンは、パサパサだったが、こっちの方がおいしかった。おかしいだろう、そんな話。

太平洋戦争の終わり頃、大阪から村の親戚へ疎開してきた男の子がいた。小学校の三年生だった。ちょうどじいじの向かいの家にだ。持ってきたものの中に、当時としては貴重品だった砂糖のつまったびんがあった。じいじは、その子のごきげんをとって、砂糖をちょっと指先につけてなめさせて

もらった。あまかった。ズルチンやサッカリンのような人工甘味料とは、大ちがいだった。村中の子どもは、皆んなその子の家来になって、どんなことを言われてもその言葉に従った。

今は、お金さえ出せば、なんでも好きなものを好きなだけ食べることができる。だから、食べるということに無頓着、ごうまんになってしまった。じいじが子どもだった頃のような、貧しかったが、ちゃぶ台をかこんだあたたかな食卓の味が消えた。

二〇一三（平成二十五）年十二月四日に、国連教育科学文化機関（ユネスコ）の無形文化遺産に〝和食・日本人の伝統的な食文化〟が登録された。個別の料理ではなく、日本人の生活に根づいている食文化全体が対象だ。

大きな書店をのぞいた。料理に関係した専用の棚があって、そこにざっと三百をこえる和食に関する本や雑誌が並んでいた。

和食の基本的な献立は、ごはんのほかに、汁もの一品と、おかず三品をそろえる。『あした何を食べますか？　検証・満腹ニッポン』（朝日新聞社／二〇〇三年）の取材記事の中に〝ベターホーム協会（本部・東京）が料理教室「一汁三菜」のコースを新設したのは二〇〇一年のことだ。（略）「だれかが意図的に伝えていかないと、家庭から献立という文化が消えてしまう。危機感でいっぱいです」と講師歴三十年の上田ケイ子（六十）さん。問い合わせの電話で「いちじるさんなの教室に……」と言われたことも一度ではなかった〟と。

献立の基本が消えてしまっては、無形文化遺産にせっかく登録されても意味がない。

京都や大阪の料理人は「味は情けやさかい」とおっしゃると聞いた。お料理の味は、もち

ろん素材にもあるが、その素材の由来、それを料理してくださった方の苦労と情けにまで心が至らないと、本当の味を味わったことにならないということだろう。

食べることは生かされていること。一つひとつの食材への感謝を忘れてはなるまいし、もっと言えば、食材の一つひとつにやどっている〝かけがえのないいのち〟にまで心を寄せなければならないということではないだろうか。食材にいのちがあるといただけば、そのいのちを生かすためのお料理法も、食べ方も変わってくる。いのちあるものをいただき、私のいのちが生かされている、その人間としての大切な心を、しっかりと君も心に刻み込むことだ。

「食べ方を見ていると、その人の心が、生き方が伝わってきます」と言ったのは、九州出身で、じいじと友達だった、今和泉明(いまいずみあきら)さんだ。若くして亡くなったが、腕のいい料理人だった彼は、最初じいじと出会った時、「まずほんまもんを食べなあきません。ほんまもんを食べといたら、にせもんがわかります」と教えてくれた。じいじは今でも、その言葉が忘れられない。お料理だけでなく、なんでもそうだ。まっさきに、ほんまもんに出会わねばならんと思う。

人生の味覚ともなれば、なおさらだ。

ほしいものが、ほしいわ

——食べないと、死ぬ。

子どもの頃の恐怖心がよみがえって、そんな話になった。野坂昭如さんが亡くなられたことが、きっかけだった。

野坂さんには『火垂るの墓』（昭和四十二（一九六七）年発表）という直木賞受賞作品がある。太平洋戦争の末期、昭和二十（一九四五）年六月五日の神戸大空襲で、母を失った十四歳の少年清太と四歳の節子の兄妹が、二人で必死に生きようとした姿をえがいた半自伝的な作品で、妹の餓死につづいて兄の清太も妹の遺骨を収めたドロップの缶をしっかりと胸に、いのち終えてゆく、といった物語だ。

『火垂るの墓』はアニメ作品として、昭和六十三（一九八八）年四月『となりのトトロ』と二本立てで劇場公開された。

池のそばの横穴防空壕。そこが二人の住居で、七輪や鍋を買ってきて自炊生活。池の水で食器を洗い、洗たくをし、カエルをつかまえて、食べるために干物にしたり……。ホタルを集めたり、死んだホタルの墓をつくったり。ついに食べるものがなくなって妹の節子が栄養失調で死に、ついで兄の清太も倒れる。節子は死ぬ前に、兄がもってきてくれたスイカを食べ、「おいしい」とつぶやき、「兄ちゃん、おおきに」と言って目をとじる。

原作にはこんな描写が出てくる。〝横になって人形を抱き、うとうと寝入る節子をながめ、指切って血ィ飲ましたらどないや、いや指一本くらいのうてもかまへん、指の肉食べさしたろか、「節子、髪うるさいやろ」髪の毛だけは生命に満ちてのびしげり、起して三つ編みにあむと、かきわける指に虱がふれ、「兄ちゃん、おおきに」髪をまとめると、あらためて眼窩のくぼみが目立つ。節子はなに思ったたか、手近かの石ころ二つ拾い、「兄ちゃん、どうぞ」「なんや」「御飯や、お茶もほしい？」急に元気よく「それからおからたいたんもあげましょうね」ままごとのように、土くれ石をならべ、「どうぞ、お上り、食べへんのん？」〟

別のところに野坂さんはこう記す。〝節子は死んだ。本当に、骨と皮だけになって、睡るが如くという形容は、餓死こそもっともふさわしい。その、やがてはしゃべらなくなり、まばたきもせず、まったく表情を失って、仰臥したまま、身じろぎさえかなわず、外は雲一つないカンカン照りだったが、節子の見開いた瞳に、かすかな光もなくて、この時、節子の脳裡（のうり）に浮かんでいたものを、生き残ったぼくが、あれこれ思いやってみてもはじまらない。〟（『幻想「火垂るの墓」』）

そして、妹に与えるはずの大豆のカスや小麦のフスマや、カボチャの茎や芋の葉までをも、おのれの飢えを満たすために食べてしまったことを記す。

野坂さんと同世代の利作じいが言った。「『欲シガリマセン、勝ツマデハ』と言う言葉をおぼえてるか」と。じいじはすぐ答えた。「おぼえてる、おぼえてる」と。

戦争中のスローガンの一つだった。

食べるものがなかったから、なんでも食べた。生きるために。利作じいは「ヘビも食べた」と言う。さすがにじいじは、ヘビは食べたことがない。

「上級生が、食べろ、うまいぞと言うて、焼いてあったと思うが、それがヘビやった。固いトリ肉みたいやったな。食用ガエルはうまかったなあ。イナゴも食べた、ハチの子も食べた」「魚はニシンの干物。固くて固くて、しかしかめばかむほど味があって」「そう、生の魚はフナとかナマズとか、ドジョウとかウナギとか。海のものはエイだけ。海から遠く離れた田舎の村へ来る頃には、目が痛くなるようなアンモニアの匂いがした。骨は軟骨だからコリコリして」「いつもおなかすいてたなあ」「〝賞味期限〟って言葉もなかったなあ。いつも〝賞味期間〟で、なに食べてもおいしかったなあ」「世界では、今、生産量の三分の一にあたる食料が毎年廃棄される一方で、栄養失調に直面する人たちが約十億人いると言われている。それには〝賞味期限〟が大いに影響しているらしい」「昭和六十三年、コピーライターの糸井重里さんが、西武百貨店の年間テーマとして作ったコピーが〝ほしいものが、ほしいわ。〟だった」「よく、そんなことおぼえてるな」「うん、なんもかも行きわたり、欲しいものがなくなったときの名コピーだ」

君、現代の子どもや若者を〝ウンチ製造機〟だと言った人がいる。欲しいもの、食べたいものを腹いっぱい食って、何もしないでマンガの本を読んだり、ゲームしたり、遊びほうけたり、ごろごろしたりしていたら、ということだ。いや、じいじもその仲間だと思うよ。

食べることの意味、食べるものをつくり出すことの大切さをしっかりと聞き、学んでおかないと、与えられたものをそのまま口から流しこんで、おしりから出しているだけでは〝ウンチ製

造機〟と言われてもしかたない。

この地球のどこかで、今も大人たちは武器をとり、殺しあい、そこへ否も応もなしに子どもたちがまきこまれ、父を亡くし、母を亡くし、飢え、いのち終わっている現実があることをしっかりと、君は見つめ、おぼえておかねばならない。

日本でもほんの少し前に戦争があった。多くの子どもが飢え、いのち終わっていった。そんなに昔でもないのに、もう、皆んな忘れてしまったようだ。

野坂昭如さんが、『火垂るの墓』を通してなにを訴えようとしたのか。まだそれを君は読んでいないのなら、手にとってほしい。読んでいたなら、もう一度読み返してほしい。

ひっつき虫の新天地

生きつづけることは、できない。動物も植物も。

かならず、いのちおわる。

何をふさぎこんでいるのかと思ったら、学校の授業(じゅぎょう)で、先生からそう聞かされたというのか。何の授業だったのかは、じいじにはわからないし、先生のおっしゃった言葉の、前と後がわからないが、それは、まちがいのない事実だ。

むつかしく言えば、個としてのいのちは、かならず終わる。しかし、そのいのちはリレーされて、伝わっていく。〝種(しゅ)〟はそうして、脈々といのちを伝え、まもって来たのだ。動物も植物も。

つい一週間ほど前、君は大さわぎしていた。じいじは、なにごとぞや、とあわてて飛びだしていくと、あれあれ、〝ひっつき虫〟との大格闘中だ。

秋、野原や田んぼのあぜ道を歩いていると、知らぬまに服もズボンも、ひっつき虫と呼ばれる草の種子だらけだ。君が格闘していたのは、ミズタマソウ（水玉草）だ。ミズタマソウだけでなしに、ヌスビトハギ（盗人萩）の種子までくっついているということは、休耕田を走り回って遊んでいたんだな。じいじも、犬の散歩をする時、いつも細心の注意をはらいながら、あぜ道や川の堤防を歩く。しかし、必ずと言っていいほど、ひっつき虫にやられる。じいじだけではない。犬もだ。イノコヅチ（猪子槌）やコセンダングサ（小栴檀草）まみれだ。イノコヅチはかんたんにとれるが、コセンダングサは、なかなかとれない。先のほうに、さかさトゲがたくさんあるからだ。

人間や犬にとっては、はなはだめいわくだが、自然界を生きぬき、次世代にいのちをつないでいく植物たちにとっては、〝最終目標である旅立ちへの大作戦〟なのだ。そうおっしゃるのは、多田多恵子さん。多田さんは『種子たちの知恵』（ＮＨＫ出版）の中で、「しかし旅立つといっても、そこは植物。簡単にはいきません。動物と違い、植物は自由に動けないのです。旅に出るには、小道具なり作戦なりが必要です」と。

ひっつき虫は、そう、植物の作戦なのだ。種子がひっつくということは、ひっつかれた人間なり、動物なりによって、遠くへ運ばれるということで、それが最大の目的なのだ。運ばれて、そこでひっぺがされ、「こいつめ！」と放りなげられ、ひろがり散るということで、新天地が開拓される。

ひっついて移動するといっても、ひっつく相手が来なければ、どうにもならんではないか。それよりか、こんな方法はどうだ、と風を利用する種子もいる。そう、タンポポだ。

ニホンタンポポは、春に花が咲いて、わたぼうしができる。ふっと、息をふきかけると、種子は風にのって遠くへはこばれていく。セイヨウタンポポが今、ニホンタンポポを絶滅に追いやろうとしている。セイヨウタンポポは、一年中花を咲かせ、タネを風にはこばせてひろがっているからだ。

ヘリコプターのように羽根をもち、回転しながらとぶのはボダイジュ（菩提樹）の種子。実をつりさげて、一陣の風がボダイジュの葉っぱをとおりすぎる瞬間、いっせいにヘリコプターが飛ぶように編隊をくんで風に乗るのだそうだ。ボダイジュの木はあんまり見かけないから、じいじもヘリコプターの編隊を見たことはない。見られたら、すごいだろうなあ。

ジュズダマ（数珠玉）は水辺に生えている。名前のとおり、実で数珠をつくったから、じいじも子どもの頃、ジュズダマのお念珠をもっていたのをおぼえている。このジュズダマの実は水に浮くから、水の流れによって遠くへはこばれ、そこでいのちを育むのだ。

オオバコ（大葉子）は、道ばたや空き地をさがせば、すぐ見つかる。踏まれ強い。すこしぐらい踏まれても、枯れることはない。しっかりと根を四方にひろげ、人や車に踏まれながら、たくましく生きている。で、種子は雨や水にぬれると、表面がゼリー状になり、人が踏みつけたくつのうらにくっつき、車のタイヤのみ

ぞにひっついて、遠くへはこばれ、思いもかけぬ見知らぬ土地で、子孫をふやすというわけだ。

カタバミ（傍食、片喰）やゲンノショウコ（現の証拠）、フジ（藤）、カラスムギ（烏麦）、スミレ（菫）などは、種子を飛ばして新天地を開拓する。

すごいなあ。植物だけではなしに、動物たちだって、昆虫たちだって、みんなこの地球、青い星の上で、一生懸命に生きているのだ。

いのちをつむぎながら、それぞれがそれぞれに共存し、進化しながら、一つ一つのいのちを、大切に伝えてきたのだ。

ひっつき虫は、なんと言われようと、死ぬ思いで君にしがみついたのだ。しがみついて、新しい天地に生きてゆける夢と未来を、君に託したのだ。

ひっつき虫だけではない。たくさんの植物たちは、いのちを伝えるしくみを考え、逆境でもそれをのり越え、耐える努力をしつづけている。

人間は、まちがいなく、多くの植物とともに生きている。生かされている。

ひっつき虫を、「こらあ！」と嫌悪するのでなしに、「おお、おまえはおれを頼って、くっついてくれたのか。よし、わかった。おまえの希望どおり、あちこちへおまえをまきちらしてやる。そこで生きろ、そこでおまえは、あたらしい生きる場をつくれ」と、声をかけてやろう。

ひっつき虫の代表格だったオナモミ（雄生揉）のとげは、痛かった。

しかしじいじが、子どもの頃、あたりまえのように生えていたオナモミを、このごろ見かけなくなったなあ。

痛かった思い出だけをのこして、もう、消えようとしているのか。

そうだとしたら、さびしいなあ。

ひびきあういのち

じっと横たわっている　子ねこ。ひさしのした　ちらばったわらの上。弱々しく　鳴き声もださず。お母さんはどうしたのだ　目をあけて　おひさまをみろ　白い雲をみろ　カラスがとんでいる　スズメが鳴いている　木の葉が風にそよいでいる。木の幹をけむしがゆっくりと　のぼってゆく。みんな　なかまだ　おまえの。ほら　まわりはみんなひかっている。いのちが　ひかっている　あの小さな花も　ほこらしげに　ひかっている。小さな葉っぱを　ひらけるだけひらいて。だれだ　この小さな花を　雑草となづけたのは。アリが　その花をみあげている。はなしかけている。こえをかけあっている。生きていること　いのちがあるということ　それはそれはすばらしいことなんだぞ。ほら　まわりは　みんなひかっている。いのちがひかっている。目をあけろ　目をあけろ　あのいのちも　あのいのちも　ひかっている。みんな　ひかりあっているから　こんなにあかるいのだ　地球は。

（くさかせいじ『未刊詩集・いのち』）

今日もまた、じいじは〝いのち〟のことを、しきりに考えている。〝いのち〟のことといっても、君にはぴんとこないだろう。うん、〝生かされているふしぎ〟のことだ。

平成二十六（二〇一四）年二月二十八日、まど・みちおさんが亡くなられた。百四歳だった。まどさんの名前は知らなくとも、「ぞうさん」「一ねんせいになったら」「ふしぎなポケット」「やぎさんゆうびん」の詩を知らない人はいない。

まどさんは、本格的に詩を書きはじめてから、六十年あまりにわたって、いのちと自然を見つめつづけ、それを詩にして私たちにやさしく伝えつづけてくださった。ながい時間をかけてつむぎだされた言葉の一つ一つが、生きて私たちに語りかける。

小さな、ひとしずくの涙みたいなテントウムシに、目を向け、「テントウムシは、いろんな苦しみがあるのにそれを伝える人がいないし、人間みたいなやつに話しても通じないんじゃないかと思っているかもしれません」（『百歳日記』ＮＨＫ出版）とつぶやく。小さな生きものたちに、小さな花たちに、誰もが見むきもしないものにまで、まどさんの目はそそがれていった。

独特のユーモアの中に、ふと、なんとも言えない、生きることへの悲しさをひめた、こんな詩がある。

つけものの　おもしは　あれは　なに　してるんだ
あそんでるようで　はたらいてるようで
おこってるようで　わらってるようで
すわってるようで　ねころんでるようで
ねぼけてるようで　りきんでるようで
こっちむきのようで　あっちむきのようで
おじいのようで　おばあのようで
つけものの　おもしは　あれは　なんだ

えっ？　君は漬けものの重しを知らないって言うのか。そうだな、このごろ、漬けものを家で漬けるなんてこと、たしかに少なくなったも

んな。じいじが子どもの頃は、漬けもののおけのふたの上にのせる石の重しは、川原や、そこらにころがっていたのを拾ってきたものだ。小さな石じゃない。子どもがもてないくらいの重い石だった。

なに？　漬けものの重しのことを、インターネットで調べたってか。なんでもインターネットだな。「どんなことでも調べることができる」と君は言う。ほんとに、そのとおりだ。しかし、じいじの子どもの頃は、そんなものはなかった。だから、なにかを知ろうとすれば、なにかをしらべようとすれば、ぶあつい辞書を引き、本を読んだものだ。一つひとつ活字を追い、その一字一字から大切なものを学んだ。インターネットは、たしかに便利、スピード、情報の豊富さは現代向きだ。だが、活字を一個一個組んだ活版印刷の本や辞書のあの手ざわりと、ずしりとした重さは、君に笑われようが、じいじの文化なのだ。

触れてみることによって、さわってみることによって、はだを通して伝わってくる多くの大切なものがあると思う。

触れてみてわかるあたたかさ、つめたさ、やわらかさ、かたさ、ふわふわ、ごつごつ、べたべた、さらさら……、それは、今まさにここを生きている〝いのち〟なのだが、インターネットから得る知識が、情報がどんなに豊富であろうと、その大切なところは伝わってこないように思えてしかたない。

まどさんの口ぐせは「知らなかったな」「びっくりしたなあ」「そうだったんだ」「ありがたいな」の四つだったという。まどさんは、たくさんの本を読み、辞書のページを繰り、そして、自然と、そこに生きるいのちに触れながら、一つひとつの言葉をつむぎだし、そのつむぎだした言葉の一つ一つに、いのちを与えるという作業を、つづけられたのだ、とじいじは思っている。

じいじが子どもの頃、友達の利くんは、休みの日になると、家のすぐそばの地べたに腹ばいになって、アリが巣に出入りするのを、半日ぐらい、じっと見つづけていた。皆んなはその利くんから、アリの話を聞いた。巣にはこびこまれる食べもののこと、巣の出入り口をまもるアリたちのこと、そして、なにもせずに遊んでいるアリたちがいることを聞いて、皆んな「ヘエー」と感心し、利くんと同じように腹ばいになって、アリたちを見つづけた。気ぜわしそうに動きまわるアリたちの姿とは対照的に、ゆったりとした時間が流れていった。

アリくん　　　まどみちお

アリくん　アリくん　君は　だれ
にんげんの　ぼくは　さぶろうだけど
アリくん　アリくん　君は　だれ

利くんも、きっと、おんなじことを言ってたかもしれないなあ。

「ぼくは　利くんだけど、アリくん　君はだれ……」って。

そこには、利くんのいのちと、アリくんのいのちがひびきあい、ひかり輝いていたんだろうなあ、と思う。

ひびきあういのちか、うれしいなあ。

おつかれさん、じゃあ（あとがきにかえて）

としを重ねるというのは、つまりとしをとるというのは、若い頃のように、明日はあれをして、これをして、来年はこれを完成させて、といった夢や希望、自身への期待から遠ざかっていく、いや遠ざかるというよりは、それらのすべてを喪失していくということかもしれない。生きる、ということさえも。

じいじは、短歌のことはあまりわからないが、この間、本屋さんでふと目にした一冊の雑誌があった。『角川短歌』平成二十八（二〇一六）年六月号（角川文化振興財団刊）だ。じいじがひかれたのは表紙に書かれた〝特集／七十・八十代の歌／加齢への挑戦〟の大きな文字だった。そんな中の、いくつかの作品を引用させてもらう。

日高堯子『春』

ほほけ母のほほゑみ話す嘘の中ゆっくりと桜はひらいてゆけり
どうもどうもと言ひて別れぬ歯切れよくさやうならとは近頃いはぬ

馬場あき子『鶴かへらず』

杖ひきて日々遊歩道ゆきし人このごろ見ずと何時人は言ふ

佐藤佐太郎『星宿』

疲労つもりて引出ししヘルペスなりといふ八十年生きればそりやぁあなた

斎藤史『秋天瑠璃』

手のとどくかぎりのものを投げるのは九十歳になってからにしよう

高瀬一誌『火ダルマ』

拝啓、御無沙汰しましたが石田君河豚の毒にして頓死、敬具

石田比呂志『春灯』

蒔いたかどうか忘れたものが芽を出して　ほ、ほ命だな笑ってくれる

松川洋子『月とマザーグース』

多くの作品の中のほんの一部だが、歌人の藤島秀憲さんが座談会の中で、老いの歌には老いを見すえた「ユーモア、ゆとり、何も怖くなった開き直り」があるとおっしゃっている。じいじには残念ながら、何一つとしてない。そこが歌人とじいじの大きな違いなのだと、一人うなずいていた。

この雑誌のもう一つの柱は、〝第五十回迢空賞〟。平成二十七（二〇一五）年一月から十二月に刊行された歌集を対象に選ばれた賞で、受賞されたのは歌誌「未来」編集委員で選者の、大島史洋さんの歌集『ふくろう』（短歌研究社刊）。大島史洋さんのお父さんは古い「アララギ」の会員で、土屋文明の選を受けてこられた歌人。『ふくろう』は「その年老いたお父さんを通して〝老い〟という現代社会の大問題を、ふかく、するどく、つらく、かなしく歌った重い歌集」（選者佐々木幸綱）と評されたとおり、作品の一つひとつが、じいじに迫ってくる。「この歌集は、死について、また人間はどのように焉るのかについて、つくづくと見つめさせるものがあ

る」（選者馬場あき子）という作品群だが、君には、まだまだ遠くわからないことだらけかも知れん。しかし、きっと、いつか、君の心の中によみがえってくる時があろう。そのためにその作品のいくつかを引用させていただき、書き記す。

作者の大島史洋さんは千葉県に住み、お父さんは史洋さんのお兄さんと共に、故郷の岐阜県中津川に住んでいらした。その頃の作品だ。原文にルビはない。ルビは君が読みやすいように、じいじがつけた。

夜は更けてメールに兄の言葉あり　君は暢気でいいなあ、と
寂しさの根源として縁側の日なたに出でて正座する人
夏草のなかに半身見えていて九十八を迎えんとする父
墓の草兄と刈りつつ遠くより見ているだけの父となりたり
いつよりか歌を作らぬ父にして脳のどこかが切れたる如し
いくたびをこれが最後と思いしか九十八の父と墓に立つ
百までをながらえ子供をまきぞえにせぬ世であれな吾は思うも

ふるさとに雪は降るとぞ死にそうで死ねない父を見舞いにゆかむ
まだ俺は生きているのか　父の声　夜明けの夢に聞いた気がする
食事を終え眠りに入りし父の顔かくまでにして生きねばならぬか
認知症の母が死にたいと言いしときそううまくはゆかぬと言いたる父よ
いよいよに衰えはててぼろきれのごとき父なりしかと見つめよ
死ねざりし苦も悲もいまはなきごとき父の目に映れ闌干たる星
ひったりと施設の壁に吸い付きぬ九十九歳の二足歩行は

大島さん許してください。引用が長すぎたかも知れません。たまらなく、つらく悲しいのです。あなたのお父さんに私自身の姿を重ねながら。

家のシロ、犬ですが、このごろ自分の老いの姿をひけらかして散歩するのです。足をもつれさせながら、ゆっくりゆっくりと、一歩一歩をたのしんでいるのです。老いた姿を堂々と見せびらかし、恥じることがないのです。小さな石にけつまずく、みぞにはまる、草に足をとられる、ときどき立ちどまって大きく息をしないと、次の一歩がふみだせないのです。私はシロのようになれんのです。老いていく自分の姿を、堂々と見せねばならんと思いながら、若い者の目からかくれるようにするのです。なさけないことです。

大島さん、お父さんはどうだったのでしょうか。堂々とされておったのでしょうか。すみません。よけいなことで。

君、君からじいじへ、いつの日か手紙をくれるのを楽しみにしているよ。その頃まで、じいじが生きているかどうか、わからんが、心まちにしている。

あ、じいじからの手紙は、これで終わりだ。

「ながいあいだ、おつかれさん。じゃあ」

中川　真昭（なかがわ　しんしょう）
1935年奈良県生まれ。童話作家（筆名：中川　晟（あきら））。
元朝日放送チーフプロデューサー。奈良県浄念寺前住職。

【著　書】
『金子みすゞ　いのち見つめる旅』『東井義雄さんの軌跡　人が生きる根を育てる』
『お釈迦さまのものがたりⅠ、Ⅱ、Ⅲ』（本願寺出版社）他。

みんな いのちの おかげさん
じいじからあなたへの手紙

2019年6月1日発行

著　者　中川　真昭

発　行　本願寺出版社
〒600-8501 京都市下京区堀川通花屋町下ル
浄土真宗本願寺派（西本願寺）
TEL075-371-4171 FAX075-341-7753
http://hongwanji-shuppan.com/

印　刷　株式会社図書印刷同朋舎

BD02-SH1-①60-91　ISBN978-4-89416-502-1